你的能量超乎你想
黃張維

戈十一正式開賽的萬頭攢動，原本灰濛濛天空瞬間轉為亮藍。

體驗日參賽者領教了有如鬼斧神工般的戈壁「雅丹」地形。

途經崎嶇地形，夥伴們互相扶持。

B隊天行者吹奏口琴帶動團隊氣氛。

競賽日A隊起跑英姿。

B隊變裝恐龍成為令人難忘的戈壁奇景。

寶馬跟著小傑跑到靈魂與肉體分離的境界。

B隊於每天長途跋涉後，永遠步履整齊地進場。

受傷的沙漠玫瑰由雙塔扶持走完全程。

左起的追風和OJ與各校A隊競速。

忍著高溫口渴，賽道上的迎風與雄大並肩同跑。

活潑的B隊每天在起跑前都拼命擺姿勢拍照。

賽前在鳴沙山沙丘留下美麗的弧線。

行經千年古蹟——鎖陽城。

競賽日第二天B隊在風車陣的千手觀音照。

無雙應官方攝影師要求，開心一躍而起。

得來不易的完賽獎牌，一生的記憶。

一步又一步，我們一起征服了玄奘之路。

每個競賽日出發前A隊與B隊的擁抱。

戈壁氣候太乾燥，連男生也敷面膜。

一起出發，一起到達！

趙心屏——著

一個人可以跑很快，但一群人可以跑更遠……

推薦序

信念永遠是最堅強的力量

「一起出發，一起到達」，這是台大戈友貢獻給戈壁挑戰賽的口號，也是台灣戈友給玄奘之路的重要貢獻。但是沒想到，二〇二〇年，一場突如其來的疫情，已經將我們——大陸和台灣的戈友們，相隔兩年了。

但是，我相信，很快就會有一天，我們依然能匯聚在玄奘之路上，同聲高喊：「一起出發，一起到達！」

心屏是戈十一台大B隊的一位隊員，她和我一樣，也是媒體出身。我一直覺得，媒體出身的人有一個缺點（也許只是一個特點），就是始終旁觀的職業角度，讓我們很難融入到火熱的生活中去；但媒體出身的人只要能夠投身到火熱的生活中去，也會有一個共同的優點，那就是細緻入微的觀察和記錄，常常會讓我們對生活品評出一些獨特的味道來。心屏的這本書，就是對戈賽如此難忘而又如此獨特的一段記憶。

玄奘之路戈壁挑戰賽，是以亞太地區著名華語商學院為參賽主體的一個文化體驗型賽事，賽事在玄奘法師經歷過九死一生、實現了人生偉大超越的「八百流沙」——甘肅瓜州的莫賀延磧戈壁舉辦。台灣大學從戈五開始，就加入到這一賽事當中。正像心屏在書中所言，台大從第一年參賽開始，就給硝煙正濃的「戈賽」，帶來了一股文化與親情的清新空氣。正是因為台大的參與以及文化貢獻，戈賽從戈五開始就開設了「最佳風範獎」，台大每一年都毫無懸念的獲獎，並且從未間斷過。台大管理學院的郭瑞祥院長，更是從戈七到戈十四，連續八年率隊親征，並且專門開設了「戈壁管理學」課程，為戈賽提供學術解讀，鼓舞更多的台灣戈友加入到這一賽事中來。

正是在台大的帶動下，到戈十四，已經有超過十所台灣院校加入到玄奘之路戈壁挑戰賽中來，每年都會有幾百名戈友，加入到「走過茫茫戈壁，都是姐妹兄弟」的隊伍中來。這幾乎已經成了兩岸商學院乃至商業界最廣泛深入的交流平臺。

但是沒有想到，二〇二〇年，一場突如其來的疫情，一下子又讓兩岸戈友遠隔千里。期間台大最早響應戈賽組委會號召，自發線上展開「雲備戰」，並且成績始終遙遙領先，充分彰顯了一個老牌戈壁院校的風采。戈賽組委會發起「雲備戰」的初衷，就是不想讓台灣的戈友感到孤獨，我們想告訴台灣的戈友們，你們始終在我們心裡，幾萬名大陸戈友，始終在期待著和你們再聚戈壁！

轉眼戈十七的備戰即將開始，沒有人知道，二〇二一年疫情是否能夠遠離，兩岸是否能夠恢復正常交流。但這又怎麼樣呢？在未知面前，信念永遠是最堅強的力量。就像許巍致敬玄奘法師的歌：「沒有什麼能夠阻擋，你對自由的嚮往！」

最後，把我在戈十六點將台上的一段致辭，贈送給心屏，以及台大和台灣的戈友們：

每一個戈友心中
都有一個齊天大聖
但只有那個戴著緊箍咒
陪著師傅唐僧
走完了十萬里路的孫悟空
才是真正修成了正果的「美猴王」

正因為如此，我們才會來走我們的玄奘之路
這不是一個競賽，這是一個「修心之路」
真正的齊天大聖
是玄奘大師那顆「勇敢的心」

祝福每一個戈友
都能找到自己那顆勇敢的心！

戈壁挑戰賽創始人／行知探索文化發展集團董事長　曲向東

推薦序

建立「團隊動能力」

我在台大管理學院教EMBA課，擔任管理學院院長六年，也帶領EMBA同學去了戈壁八次，這三件事有什麼關聯呢？個人覺得在教授EMBA課時有三個層次，第一個是管理知識的層次，要能運用化繁為簡的系統架構與實務連結。第二個層次是決策思辨的能力，透過個案教學以及討論，強化同學的決策思維。第三個層次是領導創新的能力，也是最難教的課，後來我發覺行動學習是一個很合適的方式，而戈壁挑戰就提供了一個非常好的學習機會。一群高階主管要在一年當中建立團隊，挑戰一個他們不擅長的體能活動，可以磨練他們的團隊領導力。

「一起出發，一起到達」是台大EMBA在戈壁所發展出的價值主張，在我們參賽的十屆中，都獲得了大會所頒贈的最佳風範獎，可見這已經內化成我們的文化。我去了八次戈壁，也是希望傳承這個精神，在EMBA每年新生開訓的時候，就把「一起出發，一起到達」的涵義告訴大家，慢慢的就擴散到所有的EMBA學生，變成新生以及校友的一個共同價值觀。

心屏寫這本書，有一篇是介紹我發展的「戈壁僕人領導學」，闡述了在戈壁如何可以學習領導力，今天我再來分享「一起出發，一起到達」如何學習到「團隊動能力」。我認為可以從時間的維度跟空間的維度來做闡釋。

「團隊動能力」從時間的維度有三個階段：戈壁出發前、戈壁上挑戰，戈壁完成後。第一，戈壁出發前，在這將近一年的時間可以用「一起團練，一起付出」來說明。任何團隊都需要打底，所以當大家一起團練，一起付出的時候，就是一個建立共識的過程，在一次又一次的訓練過程中，大家才累積出革命情感以及互信，就是帶著這樣的情感以及互信，才能在戈壁場上產生團隊動能力。

第二、戈壁上挑戰，就是「一起出發，一起到達」的實踐。戈壁挑戰隊是要完成團隊共同的任務，體力強的要幫體力弱的，意志力強的要鼓舞意志力弱的，重點不是哪位同學先完成，而是要所有的同學都安全完賽。在大漠當中，台大B隊的隊伍從頭到尾一直走在一起，唱歌、呼口號展現禮儀，藉由這種「團隊動能力」，激發出每個人的潛力，也展現了風範，正如同心屏在書中描述她參加戈十一的心路歷程。

第三、戈壁完成後，我把它稱之為「一起運動，一起成長」。在書中你可以看到，不管是老師，不管是同學，在完成戈壁賽後整個蛻變了。大家的情緣沒有結束，找到共同喜好，友誼持續在運動場上，有結伴去跑國外六大馬、有挑戰百馬、有挑戰十二小時超馬、有挑戰斯巴達超馬、還有挑戰鐵人三項。在這些活動中，我們不是立志要成為一個選手，而是藉由一起運動，一起快樂。再藉著更有系統的團練，提升體能，不斷成長，許多同學可以去跑波士頓馬，完成二二六鐵人三項，這些都是「團隊動能力」的效果。

「一起出發，一起到達」在空間上也有三個維度的「團隊動能力」。第一，「一個人可以跑很快，一群人可以走很遠」。透過一起出發，一起到達，我們不是在團隊中找明星，突顯個人的成績，而是透過互助合作，讓大家走得更遠，都順利完賽，才是團隊的目標。

第二，「一個人可以很理智，一群人可以很瘋狂」。這句話不是指一群人會瘋狂去做一些無厘頭的事，而是勇氣跟創新。過去一個人會膽小、會太理智，在舒適區待著不敢去嘗試不熟悉的事，但是今天因為有了團隊動能力，我們開始嘗試做一些平常不敢做的事，最後突破自己的潛能，發展出新的視野。

第三，「一個人可以很隨性，一群人可以很自律」。當我們只有一個人的時候，沒有特別的目標，不太會去督促自己去做一些超出自己體能負荷，不太敢承受的挑戰。但是在團隊中，因著共同目標，因著互相激勵，因著責任心，大家就會自律的管理自己。這可以是規律訓練、也可以是負責完成分配的任務。「團隊動能力」幫助每一位個人都有機會成長。

讀這本書，你不一定要去戈壁，因為在你的工作以及在你的生活中，你其實也是在挑戰戈壁，希望各位讀者也有好同事、好朋友、好家人共同實踐「一起出發，一起到達」的精神，發揮「團隊動能力」的效果。

台灣大學管理學院教授　郭瑞祥

推薦序

一步又一步，征服玄奘路！

台灣大學管理學院EMBA由校方正式組隊參加戈壁挑戰賽是從第六屆（二〇一一年）開始，沿襲前一屆學生們自行組隊參加戈五的經驗，由當時EMBA執行長黃崇興教授發起，一肩擔起參與賽事的所有行政責任，全力投入籌備工作，號召參賽隊員並爭取豐沛資源。個人因二〇〇八年起在管理學院EMBA開設「體適能與個人健康管理」課程，很榮幸接受黃執行長的邀請參與訓練（戈六起），擔任教練一職，展開十年的戈壁征戰旅途。

感激！管理學院歷任院長、ＥＭＢＡ執行長及工作同仁的鼎力協助。**感佩！**歷屆戈壁挑戰賽執行團隊勞心勞力無私的積極準備。**感恩！**所有參賽隊員們對教頭在訓練上的嚴厲眼色要求與言語的容忍，訓練上全力的配合操作，自主訓練的自我要求更是從不退縮，以最積極的態度面對自我挑戰。從堅持訓練開始至完成賽事全員安然順利返台，即可證明全體隊員對於自我督促、促進、改變的成果，與有榮焉。

一個隊伍的威猛不在於是否霸氣，一個隊伍的成功不在於是否奪冠，一個隊伍的風格在於它的氣質，一個隊伍的精神在於它的靈魂。台灣大學ＥＭＢＡ戈壁挑戰賽代表隊有著優雅的霸氣，奪冠的風範，高尚的氣質，無私的靈魂。秉持著台大戈壁傳承精神，戰戰兢兢為著共同的目標挑戰自我、相互扶持照應，過程中雖有艱難、障礙，但均能堅守信念化苦為樂，為自己寫下一段刻骨銘心的美好記憶。

特別是戈十一Ｂ隊Rose（趙心屏）的參與更是讓我記憶深刻，從一位看似嬌弱的運動素人，不畏生活節奏的改變、生理疲累的煎熬、更要忍受教頭冷酷眼神的督促，一頭栽入從未有的艱苦體能訓練，過程中的堅忍，鍥而不捨的態度、準備事務的參與、團隊的配合，都是生活中不曾有的新嘗試，相信定有幾分掙扎，但都堅持過來了！更難得的是在賽前的訓練已知道Rose腿部受傷很是擔心，但她還是堅忍的配合出席訓練，積極的療傷，這過程生、心理的苦楚不安可想而知。還記得當團隊出發至敦煌賽前團練時，看出Rose忍著傷痛還想配合訓練，不由得心生不捨，感佩她如此堅毅的態度，訓練後隔天就要進入賽場，考量到她受傷的狀況，很慎重地說明賽事規程規範，她的缺席並不會影響團隊的沙克爾頓獎，並詢問她個人意願是否出賽？而所得到的答案是堅定毫不猶豫的YES，當下所有隊員均感振奮，並毅然同聲表示非常願意協助Rose完成比賽，「一起出發，一起到達」更是展現出台大團隊無私相互扶持的精神。現在由Rose以此書道出過程的點點滴滴更為貼切，如此的隊員個人態度、團隊成員的風範在賽場上展露無疑，不由的讓所有參賽隊伍、工作人員、裁判甚至媒體記者，在場所有人員肅然起敬，台大精神更感染了整個現場，散播於戈壁挑戰賽的氛圍裡，流傳於參賽的所有學校中。

「一步一腳印，台大最帶勁；一步又一步，征服玄奘路！」

「一起出發，一起到達！」

教頭　簡坤鐘　2021.07.28

推薦序

以跑步體驗人生

公元前七七六年，古希臘人為了祭神，舉辦了奧林匹克運動會，當時人們裸體競賽，極盡的展現完美肉體，表現出最好的自己。因人與人的良性競爭，不論是心靈還是肉體都因競爭而更加強壯，連蘇格拉底都認為人類敏捷的大腦，也要有強壯的身體承載才能發揮最大作用，更傳說柏拉圖還是位摔角選手呢！

國際大賽例如奧運、亞運、世界錦標賽、六大馬拉松，都是個人性質的賽事，參賽選手在賽事中互相扶持視為違規，在西方世界的傳統賽事裡，個人主義的英雄化具象，完全的表現在賽事之中的每分、每秒。即便我們知道一位選手背後有無數的人員支持，但站上了賽事場地，就是一個人的武林。常見的六大馬與世界大型馬拉松、田徑鑽石聯賽，為追求觀賞度提升，會提供兔子（Pacemaker）或是配速燈拉提比賽節奏，追求高速破紀錄的表演。而奧運田徑項目還是保持傳統的純粹個人賽事，不加入任何選手以外配速方式，雖然有些國家田徑馬拉松選手會以三人小團體互相配速，但就算二〇二〇東京奧運日本隊田徑馬拉松選手各跑各的，也不會受到杯葛。

撰寫這篇推薦文時，我正在海拔二千兩百公尺的阿里山，與十二位選手、一位物理治療師共同合宿，執行為期五週的高海拔訓練。在遠離城市喧囂與收入煩惱之時，很榮幸能搶先大家一步閱讀Rose的作品，透過本書作者Rose的精細賽程描述，間接了解戈壁賽事的艱難，及講求團體精神的競賽模式。雖然少了個人賽事的極度孤獨感，但卻多了靈性上的全體感，如同家庭的組成，降低了人們害怕的寂寞，也因心靈提昇至全體感，才擁有了所謂幸福的滋味。

或許看到打類固醇、吃止痛藥、有人撐扶而完成賽事會讓某些讀者感到不悅，彷彿是對於人類純粹意志力美學的背叛與破壞，但當我們從另一個角度去觀賞，在患難中的相互扶持，不也是人類內在最美好的一部分嗎？

閱讀一位跑者奔跑在戈壁的故事，彷彿體驗了一場人生，從小到大的求學生活、畢業後進入社會工作，不也是時常有各種「雙塔」的出現，支撐著讓我們可以在生活困頓中更勇往直前。也許在強調勝者為王敗者為寇的社會中，人類的互相關懷、父母般的無私幫助，反倒在這世代更令人感到無限渴望。

讀萬卷書不如行千里路，台大ＥＭＢＡ透過運動體驗過程，領悟管理學的理論，這不正符合兩千五百年前蘇格拉底的預言。台大ＥＭＢＡ僕人管理學強調的是團隊合作，更適合亞洲東方教育思維，雖然我們都知道運動好處多又多，但台灣學校教育過程，反倒不重視體育運動的體驗，更強調智育的發展，而延遲到了人生中年階段，才能透過運動去體驗自然教育。如果人生能更早體會自己並不是個運動肉腳，或許會少了揮之不去的自卑感，多了眼神中的榮耀虹彩。

Rose在今年成為我們台北長跑扶輪社的社員，繼續為台灣的跑界服務與深耕，看著她的作品也喚起我過去的記憶。經常有人問我會不會去參加沙漠的賽事，我只是微笑的回答我還跑在台灣的體育沙漠中，連最基本的耐力運動所需要的高地訓練基地硬體都沒有，更別提賽事中未奪牌選手的生活保障，所以在踏進終點線前，很高興Rose加入台北長跑扶輪社，成為我們台灣體育沙漠中運動員的雙塔靠山。

我常說，真正的馬拉松在馬拉松之後，當我們能跑步並完成許多艱難賽事的同時，我們應該也要去看見渴望與我們一樣，想要在跑步中獲得幸福的朋友們。如同EMBA台大的跑友們在賽事中發揮的人性美好面，讓奔跑在這片台灣體育沙漠中的長跑選手，不再只是看見海市蜃樓，而是品嘗到真正的、實際的荒漠甘泉。

倫敦奧運馬拉松國手／台北長跑扶輪社社長　張嘉哲

作者序

一場跑了五年的超馬

從戈壁返台後，因為此行經歷太過深刻，又因為眼見戈十一團隊和歷屆學長姊對於戈壁挑戰賽的熱忱和付出，喜歡寫的我，想寫一本書，作為對於心裡數不盡的感謝對象的一份心意。

我很認真記錄了四天賽程的經過，回溯備戰時期大夥兒的努力，也訪問了近四十位師長、戈友和我最親愛的戈十一夥伴，與一家出版社討論了很久，但對於成書的思考仍不夠成熟，終究沒能完成這個心願。雖然無疾而終，但是心裡的火苗沒有熄，五年來，只要有機會就靜靜地觀察、記錄，更關心之前與之後每一屆挑戰賽的訊息，二〇二〇年的某一天，時報出版社的主編阿湯哥問我，有沒有興趣寫一本戈壁的書？

我難忘當時內心的激動，表面仍努力維持平靜、不動聲色地問，戈壁的書會有人想看嗎？心裡清清楚楚知道，這是天上掉下來的機會，多年來埋藏於心中的願望，可望實現了！

在阿湯哥的鼓勵下，我重新翻閱自己所寫過的文章、所有的筆記，仔細思考此書的內容安排。雖然參賽是五年前的事，但這場賽事讓我個人和夥伴的生命所發生的變化，這幾年來一直是進行式，因為時間的累積，我看見了其中的厚度，每個人的故事都如此精采，正如戈壁挑戰賽精神中的「理想、行動、堅持、超越」而發展著；再次訪談戈友，也發現「勇氣」是其中重要的一環，因此，我以理想、行動、堅持、超越和勇氣為本書的骨幹，所有真實的故事為血肉，書寫了近十萬字，這一切，都要深深感謝所有參與的夥伴，沒有你們就沒有這本書。

如果寫書的過程像一場馬拉松，那麼我起跑後沒多久就撞牆了，過程中曾經有很多懷疑、沒有信心，但是善解人意的阿湯哥總能協助我一再重拾信心，再度跑起來！當我越專注致力於這場書寫的馬拉松時，許多助力不約而同、方方面面地來到我面前，包括腦中不時躍出的靈感、與受訪者對話產生的火花……，都有如馬拉松賽道上豐富的補給，一再使我靈光乍現、下筆流暢地完成了一公里又一公里的路；我邊寫邊看上萬張的照片檔案，每一個鏡頭、每一處場景、每一張臉所表達的真實情感，讓我一再回到那訴說著千言萬語的大漠，而我們就在那大漠完成了夢想，且繼續著不同的夢想，最終我明白，收穫的不是那一次的表現如何，而是日後不斷累積更新的人生旅程。

感謝時報出版社和主編阿湯哥讓我的多年心願得以實現，文編明珠和美編小安的專業讓這本書呈現它的樣貌，感謝企劃靜婷和出版社所有工作人員的協助；感謝戈十一執行長愛文當年辛苦整理所有的照片檔案，完整了備賽、參賽的軌跡，感謝所有受訪師長和戈友毫不保留地傾吐。也要特別感謝寒天在擔任戈友會會長期間，由歐斯麥爾擔任總編輯所完成的《戈五～戈十二路誌彙編》，提供了豐富的歷史線索讓我參考。

日日伏案，隨著筆下一個接著一個團隊故事成形，在新冠疫情不斷拉警報之際，對於能「在一起」更感到珍惜；我試著描述台大從戈五到戈十五的參賽歷程，然而不論人物和故事必然有許多遺珠，深感遺憾。但願此書不只寫出戈友的心，也能讓擁有夢想的人有實踐夢想的勇氣，在人生的賽道上，與志同道合的夥伴一起出發，一起到達。

理想

一個念頭，一種衝動，一份夢想

痛徹心扉

今天是挑戰賽賽程的第三天，只剩最後一天就要完賽，經過三天的折騰，我已經幾乎不能動了……

我獨自坐在帳棚裡，等待物理治療師「阿凡達」來為我做徒手治療。

隔著帳棚，外面笑語喧嘩，熱鬧得很；戈壁的海拔約一千五百公尺，天黑得晚，雖然已是晚上八、九點，太陽還沒完全下山，此刻正是晚霞滿天之際，橘紅的豔麗夕陽和霞光，映照著灰色神祕大漠，遠遠眺望還可以看到白色的風車陣，煞是好看，每個人都為此美景震懾、驚嘆不已！這也是拍照最佳時刻，大夥兒紛紛忙著捕捉這難得的景象，在美景中留下自己和夥伴的身影；他們笑著、叫著、跳著，隔著帳棚，我仍然可以清楚辨識每一個人的聲音。

我可以想像精力無窮的夥伴們擺出各種姿勢、跳得老高，拍攝將令自己終生難忘的景致。戈壁挑戰賽是一生僅有一次的難得體驗，唸EMBA的人也似乎特別喜歡照相，能把握拍照機會時，眾人一定卯起來大拍特拍。

坐在帳棚裡的我，與外頭的隊友實際只隔著幾公尺，然而卻似乎是最遙遠的距離，我也想出去拍照、跟大夥兒一起笑鬧。今天是挑戰賽的第三天，只剩最後一天，隔日就要完賽，但經過三天的折騰，我已經幾乎不能動了，只能獨坐在帳棚裡。

這三天，靠著身邊左右各一位學長架著，完成了超過一百公里的路，今日抵達終點時，若無人攙扶，我已經幾乎無法行走。望著個個身強體健的隊友，我心裡感到荒謬而不真實，質疑這樣的自己，也算戈壁挑戰隊的一員嗎？原先以為是來挑戰戈壁，探索這片令人好奇的大漠，最後卻發現是在挑戰自己。

我能撐完全程嗎？傷處的痛楚是如此真切，時時刻刻告訴我它的存在、且揮之不去。

受傷的地方是左大腿內側的內收肌，連帶著左邊鼠蹊部，只要邁開步伐，就是痛到骨子裡！醫師常以一至十分詢問病患的疼痛度，而我的疼痛恐怕已經破十，因此，當今天全隊抵達終點，放鬆心情休息，欣賞亮麗的沙漠夕陽時，我好生羨慕卻是動彈不得，無法獨力走動，只能孤獨地與自己的疼痛為伴，默默等待物理治療師的妙手為我放鬆些許痛楚。

幸好有這麼一位專業又耐心細心的物理治療師阿凡達與挑戰隊同行，當她忙完所有隊員當天賽後的疲勞與不適後，來到我的帳棚悉心為我按摩、冰敷，還特別端來飯菜，但我卻怎麼也吃不下。

接著，我幾乎是寸步難行的，一小步一小步慢慢移動到幾公尺外的公帳，等待隊醫為我處理腳上的水泡，並準備注射止痛的類固醇。此時帳外已是黑夜、恢復了沙漠中的靜謐，絕大多數隊友都用過晚餐回各自帳棚休息了，坐在公帳中等待的我，只有頭頂的昏黃燈光陪伴，我的小天使「邁修羅」不知何時突然出現在面前，低聲問，「玫瑰，妳還好嗎？」

每個人都會取個「大漠花

海派甜心安慰受傷疼痛的沙漠玫瑰。

名」，是參加戈壁挑戰賽的傳統；我的花名是「沙漠玫瑰」，聽起來好像很厲害、適合在沙漠生存，如今卻因受傷連站也站不太起來，實在太諷刺了。

茹素的邁修羅為人一向很慈悲有佛心，看著他的眼睛，我的兩行眼淚很不爭氣掉了下來：「我很痛……」；除了劇痛，還有更多擔心，擔心自己隔日無法完賽。台大已連續六年獲得全員完賽的「沙克爾頓獎」[1]，這次該不會被我給毀了？就在滿心憂慮之際，看見他的眼神也流露著難過、幾乎要掉淚的樣子，只有趕快避開他的眼睛。

暖男邁修羅與全身包得密不透風的沙漠玫瑰。

行前，我們的隊伍以兩人為一小組，一人是小天使、另一人是小主人，小天使與小主人互相照料，途中也倆倆成行作伴。雖然我因為特殊情況，傷得嚴重，而有另兩位學長左右護衛架著我走，但我的小天使永遠在後方默默關心，知道隊友給我據稱非常有效的止痛藥時，很嚴肅地告誡不可以隨便亂吃藥，一定要讓隊醫檢視過藥品才行。每一天都仔細觀察我的狀況，更幫我揹所有的補給品，這份關懷，點滴在心。

經過又一個輾轉難眠的夜晚，清晨的起床號響起，賽程最終日來了，出發前，出乎我的意料，隊醫意味深長地看著我：「再幫妳打一針類固醇吧！」昨晚才捱過一針，沒想到不到十二小時又要幫我補一針，我想，若不是情況真的很嚴重，一向謹慎的隊醫不會主動又來幫我打一針。我默默點點頭，捲起袖子，再打一針吧，為了確保最後的賽程一定要完成，這一針絕對是必要的！實際經歷這場挑戰賽，才發現我們原來以為的「口號」，也就是挑戰隊的隊呼「一起出發，一起到達」不僅僅是一句口號而已，而是必須實踐的精神與行動，但我萬萬沒想到自己竟然成了能否實現「一起出發，一起到達」的瓶頸！

連續幾天在身邊左右架著我的學長已伸出他們結實的手臂，穿過我的手肘，牢牢把我架住，我的身體因為兩旁的壯漢有了堅實的倚靠。當我準備好，邁開步伐，全隊就可以上路了。今天的賽程直線距離二十一點七五公里，差不多相當於一個半馬[2]的距離，眼前，渾圓、金色的太陽從遠方地平線升起，隊友特意高聲為我打氣：「現在日出就在玫瑰頭上的方向，玫瑰說幾句話吧！」

心中有千言萬語，但一時說不出口而語塞，只有在心底不斷問自己：「最終，我們能一起出發，一起到達，全員完賽嗎？」

---

1 沙克爾頓獎的評選標準是，在關門時間內完賽率最高的前三名代表隊，僅計算A隊和B隊完賽率，C隊為單日體驗組不計算完賽率。

2 半馬，指半程馬拉松，距離總長二十一點零九七五公里，是全程馬拉松里程數的一半。

抉擇

「就像在那長長的黑暗隧道，我一心想看見盡頭的亮光，偶然一瞬間，似乎一絲光明就在眼前，然而再一眨眼，我卻又發現，那只是我短暫的幻覺。」

「青蜂俠」望著眼前似乎無邊無際的大漠，一種似曾相識又陌生的微妙感覺浮上心頭。這是他第二次到戈壁移地訓練，和兩位隊友特意選在挑戰賽開始的前夕，提前兩天抵達。

青蜂俠是台大EMBA戈壁挑戰隊A隊——競賽組的十名成員之一，編號第十號；所謂「競賽組」就是在挑戰賽中必須和他校競速的隊伍，因此每校的A隊隊員都是經過訓練後，挑選跑得最快的前十人組隊，以肩負和其他學校競賽的任務。

為了能在比賽時跑出最好的成績，通常各校A隊都會在正式比賽以前，先飛往位在甘肅省的戈壁探勘賽道，同時體驗路況和天氣，以預先熟悉在戈壁的跑感、並研究最佳路線和如何配速。

望著即將挑戰的賽道，青蜂俠身旁是「小傑」——知名的超級馬拉松老將林義傑，他這次也是台大戈壁挑戰隊A隊成員之一，另一位隊友是A隊隊長，全馬成績在三小時左右的馬拉松好手——大漠花名「海膽」的黃張維。由於小傑之前一直抽不出時間和其他隊友一起團練，直到出賽前夕才提前從台灣出發到戈壁體驗賽道。然而對他而言，這場「玄奘之路商學院EMBA戈壁挑戰賽」只是小菜一碟，因為早在二〇〇三年，他就曾在「世界四大極地超級馬拉松」（The 4 Deserts Ultramarathon Series[1]）系列賽事中挑戰過戈壁，那是七天六夜兩百五十公里、自負重自補給的越野超級馬拉松，難度要比這一場四天三夜一百一十多公里的賽事難上好幾倍；小傑和海膽沒有多說，很有默契地輕快奔上眼前的荒涼大漠，青蜂俠只有默默緊跟在後。

跑了沒多久，青蜂俠就覺得不太對勁，近來一直出狀況的右小腿又開始痛了，而且痛感是如此明確，他咬著牙，心想自己能撐多久？望著前方的小傑和海膽快速有力的步伐，這才是即將出賽強將的腳步啊，自己能跟上嗎？

他發現，不能，跟不上。

人在戈壁，心卻飄到不久以前，自己和挑戰隊執行長「愛文」的對話。那天愛文問他，有沒有信

青蜂俠和緊跟在後的生化人都是勤練型跑者。

心腿傷在比賽以前可以痊癒？當時他帶著滿滿的自信回答：「可以！」於是，他正式成為競賽組編號十號的隊員，而另一位候選隊友「生化人」，則因為膝蓋傷勢未癒，改為參加C隊體驗組。

踏在大漠土地上的青蜂俠想著，如果我現在就撐不下去，怎麼對得起生化人？

回想當兵時，同袍中若有傷兵，必然會大大影響全隊的士氣，心情不禁開始往下沉，同時卻也清楚知道，自己絕對不會願意在勉強出賽後，因為腿痛跟不上，而讓全隊擔心「他跑到哪裡了？怎麼還不見人影？」

最壞最壞的情況是，萬一真的跑不動，無法完賽，影響學校連續多年都獲得的全員完賽「沙克爾頓獎」，那他絕對無法原諒自己！

忍不住輕嘆了口氣，四月的戈壁天氣還算清朗，為什麼卻好像有股寒意升起、令他打了個寒顫。回想為了能進入A隊，隊友一個練得比一個勤，五十四歲的青蜂俠自覺比隊友大幾歲，因此更為認真練習，也把對自己的期許訂在一百二十分的高標準，這樣的話，倘若做不到，還可以有一百分。常常團練已經結束，他仍留下來再多跑一些，想試試自己能否更快？跑得更好？希望藉著勤能補拙，如願進入A隊。

也許就是因為這樣經常給自己加碼，累積了不自覺的傷害；曾經幾次覺得有些累，跑起來不太舒服，但都還是奮力把課表吃完，後來才發現腿真的很痛。

「競賽組的壓力特別大，總共十一個人，有一個一定要被刷掉，我和生化人都受傷，應該休息的時候，都因為心急而繼續練習；只要感覺狀況好像稍微好一些，就再試試……」

傷處時好時壞，令他患得患失，看了骨科醫師，卻忽略醫師的囑咐不願輕易停跑，同時也找了師傅以民俗療法治療，一心期待趕快恢復，「說不定，再過一陣子就好了？」不自覺地，他總是ㄍㄧㄥ到最後一刻。

「就像在長長的黑暗隧道，我一心想看見盡頭的亮光，偶然一瞬間，似乎一絲光明就在眼前，然而再一眨眼，我卻又發現，那只是我短暫的幻覺。」

遙望著小傑和海膽越來越遠的身影，青蜂俠感到無語問蒼天。隔日，所屬的台大EMBA挑戰隊A、B、C隊全員抵達敦煌，在旅館附近公園進行賽前最後的團練。距離正式上陣的時刻已經倒數計時，全隊士氣高昂，青蜂俠卻深切感到腿傷清清楚楚地限制他無法正常跑步，這種傷勢也絕不可能在出賽前康復。念及如果接下來的每一天都要讓隊友擔心，怎麼辦？

「我決定棄賽！」

至此，青蜂俠成了第十一屆兩岸EMBA戈壁挑戰賽，台大A隊中「消失的十號」。

「我練了那麼久，一定要去！」

護士拿著兩罐針劑，看了生化人一眼，再望向醫師，面有難色地囁嚅：「醫生，這種針我不會打！」

那是一罐麻醉劑和一罐類固醇。醫生接過來，俐落地直接把兩罐針劑注射在生化人的膝蓋上，邊碎念著「我叫你不要去，你非要去！好，那這一針可以讓你撐一個月！」

生化人咬著牙關忍痛不吭聲，他知道自己應該休息，可是「我練了那麼久，一定要去啊！」

其實生化人以前根本沒跑過長跑，高中時拿手的是一百和兩百公尺短跑，但四百公尺就感覺跑不動。然而，念了EMBA，全班突然開始瘋運動，尤其同班同學愛文參加了第十屆戈壁挑戰賽，又接下擔任第十一屆戈壁挑戰隊執行長的任務，頻頻推坑同學們一起加入挑戰隊。

半推半就之下，他就這樣莫名其妙開始練跑，居然跑出了心得，也為自己取了個很酷的大漠花名「生化人」，練習沒多久，第一次半馬就「破二」，以一小時五十九分完賽，身形和體能也出現明顯的變化；和一群夥伴開始以「進入A隊競賽組」為目標，勤奮地跑課表，看到大家都練得很勤，自己更不敢休息，短短幾個月以後挑戰人生第一次全程馬拉松，以不錯的成績：四小時二十分完賽，令他感到很有成就感。

素人初嚐馬場的滋味既興奮又新鮮，會吃課表卻不清楚收操的重要性，還以為硬梆梆的雙腿代表肌肉很結實，直到一次練跑時膝蓋劇痛，才知道髂脛束[2]太緊，拉到膝蓋的骨頭，膝蓋內部也因為運動過度而積水。然而，他並不想停，仍想繼續吃課表，於是造成膝蓋狀況一直處在不好的狀態。

「大家都在練，我不敢懈怠，只要膝蓋稍微好一點，我就跑一點，撐著。」

到了A隊決選的時刻，總共十一人的A隊預備隊有一人會被淘汰，他感到莫大的壓力，隨隊飛往戈壁移地訓練時，20K的長跑，他只跑到一半就感到不行了，最後硬撐著走完全程，回台後立刻去骨科報到，要求醫生無論如何得想辦法讓他能參賽。

捱完那一針，隔天膝蓋果然不痛了！慶幸之餘，隔兩天的一個早晨，接到愛文的電話，他正奇怪為何那麼早打電話來，電話的另一頭已開始娓娓向他說明，正面臨A隊隊員選拔的關鍵時刻，然而預備隊員中的他和青蜂俠都受傷，另外還有人長久重感冒不癒，也有女生的體能可能無法負荷四天的賽事，當時生化人握著手機，清楚感到他的同班同學愛文因為擔任挑戰隊執行長，必須篩選隊員而陷入兩難，愛文希望十一位預備隊員都能成為正式的A隊隊員，但競賽規則清楚規定A隊僅能有十人參加，因此必須淘汰其中一位傷兵。

於是生化人脫口做了決定，「沒關係，我退賽！」電話的另一頭隨即靜止了幾秒鐘。

「對不起，當初是因為我拼命推坑，你才參賽……」愛文萬分艱難地回答。

「早知道，就不必捱那一針啊。」生化人心想，但沒有說出來。

「如果，到時因為我的關係，台大無法拿到全員完賽的沙克爾頓獎，那我就是歷史的罪人……。」做出決定以後，長久以來擔心因為傷勢而無法完賽的壓力頓時釋放了！

一旦決定退賽，生化人連Ｂ隊——完賽組也不想參加，轉而報名只體驗一天、其他三天是在附近旅遊的Ｃ隊「體驗組」，準備以歡樂的心情，輕鬆體驗戈壁。

「我怕影響士氣，不想耽誤大家，我要趕快回去！」

大家都覺得，「慧跟」比她的先生更像EMBA學生，個性隨和活潑的她參加很多學校活動，與大家打成一片，先生也樂見她分擔行程、參加各式活動，但是，挑戰戈壁？

「不可能啦！」

覺得挑戰戈壁這種事距離自己實在太遙遠，但當先生的同班同學愛文帶著詐騙集團的口吻向先生遊說時，先生對她說，「妳就去幫忙，去運動吧！」

剛開始練跑時覺得很喘，再加上一直以為只要先生沒參加，她也只要像玩票性質似的跟大夥兒一起跑跑就好，沒想到不知不覺就固定參加了每星期的團練，一群人一起慢跑，漸漸地不怎麼喘了。直到要報名的時候，她才發現自己認真了，先生也很認同，她便決心加入C隊，即便C隊在戈壁的賽程僅有一天，也要全力以赴。

一次體檢後，原先的紅字明顯好轉，醫師問她，「妳做了什麼？」原來的中重度脂肪肝，變為輕微，體能也更有明顯進步。她開心地說：「跑步真的不錯，我要繼續練跑！」

根據戈壁挑戰賽的規定，EMBA學生眷屬只能參加C隊——體驗組，屆時只要在戈壁賽道上體驗一天就好，因此練跑時比較沒有壓力。慧跟很享受跟A、B隊夥伴一起團練的時光，每一次都充滿歡笑，「一群人可以跑很遠」這句跑者名言更是深刻體會。

很快地，預備隊隊員得參加三月舉行的貢寮馬拉松，以成績決定是否入選為挑戰隊的正式隊員，想進A、B隊者必須完成全馬四十二點一九五公里，C隊只要跑完三十公里即可，慧跟卻跟其他B隊的夥伴一起堅持到底，跑完全馬！雖然全程非常辛苦，將近七個小時才完賽，但抵達終點時她高舉雙臂歡呼，內心的雀躍全寫在臉上，對於自己上戈壁的體能更有信心了。

隨著全隊從台北飛抵敦煌，參加主辦單位當晚為所有參賽隊伍舉辦的「點將台」活動。來自各地的華人EMBA挑戰隊伍，全都集結在一起，熱鬧誓師，場面浩蕩而盛大；每一支隊伍都舉著神氣的隊旗，以整齊劃一的服裝和配備現身、進入會場，各校也以準備好的吉祥物或小禮品，和其他學校交換，互相祝福參賽順利，同時也彼此介紹、認識一番。舞台上播映著各校精心製作的宣傳影片，讓人看得目不轉睛，想到即將到神祕的戈壁一探究竟，每個人的心情都興奮不已，整個夜晚就在熱烈而歡樂的氣氛中渡過。

當活動接近尾聲，各校陸續準備返回旅館時，慧跟起身說要去洗手間一趟。離開座席，往洗手間方向的路上幾乎沒有燈光，在一片黑暗中摸索著，沒想到突然一個踉蹌，被地上的一根纜線給絆倒了，想抬起另一隻腳，卻又被纜線勾到，整個人「啪」地一聲，重重摔了下去！黑濛濛的夜色中，她趴在地上一時無法動彈，直到有人過來用力拉她的手想扶她起身，頓時感到一陣劇痛！

一陣混亂中她被送往醫院，隨隊醫生、教練和老師都趕到現場，強烈的痛楚令她十分難受，「不用吃任何止痛藥嗎？」她問醫生。「不用」，骨科醫師只是簡單地回答，並當場將她脫臼的右手骨頭復位，「我們的方式是這樣就好了，不會接回去。」醫師說。但曾經是護理人員的慧跟很清楚自己的右手臂不僅是脫臼，同時也骨折了，需要手術才行。

骨折之處必須固定，但醫院裡竟然連三角巾也沒有，只給了條毛線圍巾綁著，她的手臂因為無法固定而晃動，讓她更是痛得不得了！儘管如

賽前一晚熱鬧的點將台活動。

慧跟在點將台活動開心舉著樂樂猴，沒想到當晚活動後就意外跌倒骨折。

此，她仍抱著最後一線希望，忍不住問隊醫：「C隊只體驗一天，我能不能一天以後再回台灣呢？」

隊醫斷然給了否定的答案，在看過X光片後，他已緊急聯絡台大醫院後續的診治事宜，於是慧跟做了理智的決定，立刻回台灣接受手術。

隔天早上就是出賽日，準備出發前往戈壁的我們，懷抱著不捨又歉疚的心情，到慧跟房間探視，沒想到房門一打開，只見右手用條圍巾吊著，坐在床緣的她對我們微微笑著，那張溫暖的笑臉與我們一張張難過哭喪的臉，形成強烈對比。

「可惜沒有緣分跟大家一起跑了！」她仍然笑著，我實在不敢相信，遭逢天外飛來橫禍的慧跟，竟然還能如此鎮定堅強，換作是我，不哭慘了、抱怨連連才怪！事後她告訴我，「怕影響士氣，不想耽誤大家，我必須趕快回台灣！」

幸虧隨隊的旅行社人員處理得宜，前一晚就訂好隔天飛北京、再轉台北的機票，並預約好醫院的急診，慧跟的先生也立刻接到通知，從台北飛往北京接人。就這樣，還沒有出發，我們的隊伍就先折損了青蜂俠、生化人和慧跟三人，現在只有我，是唯一帶傷參賽的了。

1　「世界四大極地超級馬拉松」（The 4 Deserts Ultramarathon Series）是二〇〇二年二月由一位美國人Mary Gadams所創辦，包括在中國戈壁（Gobi March）、非洲納密比亞沙漠（Namib Race）、智利阿塔卡馬沙漠（Atacama Crossing in Chile）、和南極（The Last Desert in Antarctica）舉辦的極地賽事，參賽者須在連續七天內完成全程二百五十公里的賽程，主辦單位僅提供帳篷和飲用水，其餘物資由參賽者自行準備且全程揹負在身上完成挑戰。著名的時代雜誌曾連續兩年將「世界四大極地超級馬拉松」列為全世界十大耐力賽事之一。

2　髂脛束，又稱ITB(iliotibial band)，位於大腿外側，起始於臀部，終止於脛骨；為負責穩定膝蓋動作的組織，與大腿往外展開，伸直，和旋轉等動作都有關係。

EMBA學生為什麼瘋戈壁

由北京行知探索文化發展集團主辦的「玄奘之路兩岸商學院戈壁挑戰賽」是一項只有華人EMBA學生和校友才有參賽資格的沙漠大考驗，至今已經舉辦十六屆，除了二〇二〇年受到新冠疫情影響而延後到十月舉辦，每年都在五月份舉行，因為五月是戈壁氣候相對最友善的季節。

朝穿皮襖午穿紗，礫石遍地風沙狂

根據維基百科的記載，賽事起點瓜州的所在城市——敦煌歷史氣候平均數據，五月的每日平均氣溫約在攝氏十八點六度，但賽道所在的「莫賀延磧戈壁」——位在新疆與甘肅省交界，全程平均海拔一千五百公尺高，晝夜溫差經常高達四十度；因此當地有俗諺「朝穿皮襖，午穿紗」，就是早晚溫差之大的寫照。

除了氣候變化對人類身體的適應是一大考驗，戈壁變化多端的地形更是對體能的大挑戰，在主辦單位發給每位參賽者的參考資料中，對於戈壁的記載是這樣的：「《辭海》將戈壁釋義為『難生草木的土地』，這些地區，滿是石塊與粗大的砂礫，乾涸的地表缺少水源，植物既稀少又矮小。」

唐代詩人岑參的一首詩〈走馬川行奉送封大夫出師西征〉，其中非常具象地描寫了戈壁的嚴酷面貌：「君不見走馬川行雪海邊，平沙莽莽黃入天。輪臺九月風夜吼，一川碎石大如斗，隨風滿地石亂走。」

參考資料中也形容，「戈壁像是地殼給自己穿上一層礫石組成的甲冑，……戈壁最了不起的就是礫石。狂風、水流侵蝕著它們，搬運著它們，從而雕琢出複雜多元的樣貌。至於哪些是風成，哪些是水成，哪些又是沉積而成，礫石本身的型態往往可以給出答案。」[1]

如此這般的氣候和地貌，光在其上行走恐怕都不容易，更何況要去競速、挑戰？

素人參賽勇氣十足，征服戈壁冒險犯難

再看看參賽者的資格限制——就讀於或畢業於商學院EMBA的華人學生，這群「學生」年紀可都不小，以我參加的二〇一六年「台大戈十一EMBA挑戰隊」的平均年齡而言是四十六歲。就讀EMBA者多為在職的企業主和高階經理人，在事業上或許小有成就，但論體能就不一定了，這群大多沒有運動習慣的中年社會人士挑戰戈壁，是人生中前所未有的嘗試和考驗，也許因為征戰職場多年的他們體內本有勇於冒險犯難的基因，或，某種不怕患難、總想走出舒適圈試試的闖蕩精神，每年

歷年來勇於挑戰的參賽素人越來越多。

勇赴大漠挑戰自我的人還真不少，二〇一六年的戈十一當年總共有五十一所學校組隊、兩千五百餘人參加，賽事舉辦前十五年來統計已有七十三所商學院，一百零五支參賽隊伍，近兩萬人參加，而受到新冠疫情影響的戈十六，仍有超過六十所院校的近百支隊伍，近四千五百人參加。[2]

寫到這裡不得不佩服主辦單位當年有此眼界，開發出這連年來不斷吸引更多人參加的賽事。探討戈壁挑戰賽的緣起，二〇〇六年，行知探索文化發展集團董事長曲向東，邀請了好幾位大企業家：王石、馮侖等人一起進行了一項「中印友好年重點文化考察活動」，所考察的路線就是「玄奘之路」，一行人「上高原、下戈壁、翻天山、過雪嶺，穿越荒無人煙的羅布泊，經過戰亂之中的阿富汗，親身考察和體驗玄奘大師不平凡的人生旅途和心路歷程……」。[3]

在這場壯舉完成之後，參與的幾位大企業家對於玄奘取經所代表「理想、行動、堅持」的精神大為有感，便大力推動戈壁挑戰賽的舉辦，更設定就讀商學院EMBA的商界人士為TA（Target Audience，目標客群）。

主辦單位將「玄奘之路商學院戈壁挑戰賽」定義為一種「體驗式文化賽事」，就是期待參賽者能於賽程中透過體能的考驗，同時親身體會沿途自然與人文環境的深奧豐厚，實現玄奘當年「理想，行動，堅持」的精神。

四天三夜，探索「玄奘之路」的奧秘

賽道位在新疆與甘肅交界的「莫賀延磧戈壁」——史稱「八百里流沙」，起點是甘肅省酒泉市瓜州縣的阿育王寺[4]遺址，途徑鎖陽城遺址[5]、大墓子母闕[6]、雙墩子、六工城[7]等歷史性的地標，最後抵達終

玄奘之路起點，古蹟阿育王寺遺址。

點白墩子[8]。直線距離長達一百一十二公里，是一千三百多年前玄奘西行取經之路的其中一段路程。參賽者於四天賽程中需徒步穿越僅有座標、未知路線的賽道。每天賽程完成後，即在當日終點附近的營地紮營過夜。

賽程第一天為「體驗日」，所有參賽隊伍進入戈壁大漠，用雙腳實際體驗在荒漠礫石間跑、走的感受，純為體驗，不算成績；第二天至第四天則為「競賽日」，每一天的挑戰里程數不等，各隊的最終總成績就是三個競賽日的成績之和。

每一所學校的挑戰隊又區分為三組：A隊（競賽組），選手十人，都是各校精選跑得最快的好手參加，比的是速度。B隊（全程穿越組），至多三十人，考驗的是能否全員、全程完賽。C隊（單日體驗組），只參與賽事第一天的「體驗日」，隊員的家屬們可以報名參加，C隊總人數則不能超越上一屆參賽的A隊和B隊的總和。

各挑戰隊的編制，除了隊員之外，還包括各校的校院領導、領隊、隨隊教練和醫生、攝影師等，隊員年齡必須在三十到六十歲之間，由於C隊中有許多是隊員的家屬，因此年齡限制較寬，十八到六十歲都可以報名。至於報名費用，從一開始的七千五百元人民幣，上漲到現在的一萬六千元人民幣，折合新台幣近八萬元。若再加上來回機票和飯店，以及採買所有服裝與補給、裝備的費用，恐怕二十萬元新台幣跑不掉。

台大EMBA率先參賽，開啟台灣各校參與先河

台大管理學院是台灣第一個參加戈壁挑戰賽的學校，當初參賽的緣由，也有一段故事。二〇〇九年，就讀台大EMBA的鐵人社社長張義，苦於鐵人社只有小貓兩三隻，一方面將鐵人社改名為讓人感覺門外漢也能參加的「門外社」，另外也想找一個能吸引人的活動，凝聚社員向心力。在張義的心中，這項活動必須有難度、要好玩、還要酷，三者缺一不可，沒想到後來因緣際會從一位就讀復旦大學的朋友得知遠在千里之外的這項「戈壁挑戰賽」，夠難、夠好玩、也夠酷！於是張義決定就

是它了，先向賽事組委會了解參賽的可能性，並向學校報告獲得同意，接著在學校裡招兵買馬，令他難以置信的是，有十七、八位學長姊願意共襄盛舉。

至此，他發現問題才開始，因為想參加這樣有難度的賽事，對於訓練、補給和服裝、各項必要的裝備都毫無頭緒，其中的一位學長後來透過關係找到了一位曾經參加前一屆——戈四的中歐商學院學長，毫不保留地分享自己的參賽經驗；回想起這段往事，張義至今仍然非常感謝那位中歐學長的君子風度，因為戈壁挑戰賽是一場各校之間的競賽，台大一旦參賽也將是中歐的競爭對手，但他仍然願意提供資訊。

最後台大EMBA組成的戈五挑戰隊，抱著去玩、也去交朋友的心情，戲稱自己是「歌舞團」，在大漠用力玩、也用力比賽、用力交朋友；這一支首度參賽的台灣隊伍，以插畫方式製作了一支影片介紹「歌舞團」的成員，其中一位學長還別出心裁攜帶了台灣的天燈，在戈壁夜空冉冉升起，讓大陸各校開了眼界，除此之外，初次成軍的台大戈五挑戰隊，雖然平均年齡高達四十八點三歲，遠高於其他各校，

平均年齡高達48.3歲的戈五，獲得競賽組第三名的佳績！

競賽日三天的總成績十三小時四十一分零八秒竟出乎意料的獲得競賽組第三名！[9]另外，A隊姚焱堯更在競賽日第二日及第三日獲得單日個人冠軍。

當年，戈壁挑戰賽的規模比起現在動輒數千人參加要小得多，僅有十所學校，約兩百四十人，大陸各校都是以拚成績的態度參賽，難得見到像台大這樣，以歡樂、交朋友的心態前來；張義就形容，其間的差異有如「拚老命」對比「小清新」，因此，參與賽事的媒體主動提出頒發「最佳風範獎」給台大，讓「歌舞團」又驚又喜！這項「最佳風範獎」也自戈五開始延續至每一屆挑戰賽，而台大每一年都獲獎，沒有間斷。

就這樣，自二〇一〇年的戈五台大挑戰隊燃起的熱情，到二〇二〇年的戈十五，台大已經連續參賽十一年，也帶動了其他大學EMBA跟進[10]。台大管理學院教授郭瑞祥是從戈七起到戈十四，連著八年率隊親征，甚至將歷年來台大在戈壁展現的風範與團隊精神發展為一套「戈壁管理學」，每當他在課堂講授總吸引在座學生心生嚮往、躍躍欲試，甚至當場激動掉淚，當下就決定也要挑戰戈壁！

戈壁魔力，改變眾多戈兒

到底戈壁這片蠻荒有什麼樣的魔力，讓持續十多年的賽事歷久不衰，本該是杳無人煙的沙漠卻吸引著眾人前仆後繼地奔來挑戰？

去過戈壁的自稱「戈兒們」，「戈友」們則像是群神秘組織成員，彼此之間有種堪比「歃血為盟」的親和情；戈壁上流傳著一句名言：「走過茫茫戈壁，都是姊妹兄弟」，戈壁的故事、戈友的情懷，似乎只有上過戈壁的才懂，甚至於還有戈友說，「世界上只有兩種人：去過戈壁的、沒去過戈壁的。」

當我對戈壁心生好奇，從來沒認真跑過步、也什麼都不懂，就傻傻地執著於要參賽，竟然發現身邊有好些和我一樣的人，就這樣不明所以地一頭栽進了戈壁的世界。當真正經歷過這場挑戰賽，從戈壁返回日常的人生後，我仍一直想著，這一仗對我的生命到底產生了什麼樣的化學變化？這幾年來，我發現因為戈壁而帶來的變化一直在體內深化中，直到現在都還是進行式，不僅我改變了，我認識的許多戈兒們也都改變了。這是我提筆寫這本書的原因。

1 引述自《行知課堂基礎讀本》。

2 於二〇二〇年舉辦的「戈十五」，因為新冠疫情的影響，包括台大在內的台灣學府最後都決定不赴大陸參賽，而改由線上參賽的形式完成本屆的挑戰。二〇二一年的戈十六，也因為疫情，台灣沒有學校參賽。

3 參考資料：第十一屆玄奘之路商學院戈壁挑戰賽賽事章程。

4 根據《行知課堂基礎讀本》的描述，阿育王寺始建於唐朝初年，是當地的佛教名寺，稱為唐開元寺，後易名為阿育王寺。元朝時重建，因為朝廷崇信密宗而改稱塔爾寺或塔兒寺。

5 根據《行知課堂基礎讀本》描述，鎖陽城是一座始建於漢，興於唐的古城，而「鎖陽」是戈壁上的一種深紅褐色的植物，地下莖粗壯，大部分埋於沙中，是補腎藥材最常使用的一味。鎖陽城名字的由來是明清時代的居民非常青睞這種大漠植物，有挖食鎖陽的習俗，所以親切地把古城稱為鎖陽城。

6 根據《行知課堂基礎讀本》描述，「闕」是古代建築中的貴族，常立在城門、宮殿、祠廟、陵墓之前，用以標記主人的官爵和功績。大闕旁建造的小闕就被稱為「子母闕」。歷經兩千多年的風雨侵蝕，這座子母闕仍然高大雄偉，但是孤零零地立在大漠上，是中國目前保存得最完好的東漢至魏晉時期的子母闕。

7 根據《行知課堂基礎讀本》描述，六工城是一座結構複雜的防禦工程，城池中的南、西、北三面城牆呈直線，東牆卻連續四次內折，折角處各有角墩，構成一種罕見的多折角複雜結構，演繹出頗不尋常的軍事防禦設計。

8 根據瓜州縣博物館設立在賽事終點的碑文描述，白墩子遺址是古代通往西域的重要驛站之一，始建於東漢，歷經魏晉、南北朝、隋唐、五代至明清時期，相沿歷史一千餘年。玄奘西行途經該驛站，也是唐玉門關外的五烽之一，唐時稱為「廣顯驛」。

9 二〇二〇年的第五屆戈壁挑戰賽，第一名為中歐商學院，競賽日三日總成績為十二小時二十一分二十八秒，第二名為長江商學院，總成績十二小時五十四分五十八秒，台大以十三小時四十一分零八秒獲得第三名。資料來源：「運動筆記」。

10 同註2。

豪氣干雲的大漠花名

歷年來，每當台大戈壁挑戰隊正式成軍，隊員們最重要的事就是為自己起個聽起來響叮噹、最好帶著俠氣的「大漠花名」。

戈十一的花名有「風」系列的「風吹沙」、「追風」、「迎風」，也有典型武俠小說裡會出現的名字：「無雙」、「月玲瓏」、「俠女」、「可汗」，另外也有帶著現代科技感的「生化人」、「俠客OJ」、「青蜂俠」、「9V」，以及走可愛風的「波波」、「安琪兒」、「維尼」，搞笑的「客拉客」，打形象牌的「寶馬」、「沙漠玫瑰」、「王牌」、「邁修羅」、「海派甜心」，英文名中譯的「愛文」Ivan、「史丹」Stan，和夫妻檔「愛俐落」Izero、「俐落」Zerobia；此外還有「海膽」、「雄大」、「華仔」。而實際上武功最高強、曾獲世界四大極地馬拉松總冠軍的林義傑，大漠花名倒是起得很親切可愛：「小傑」。

為了起個好「花名」，每個人可都想破了頭！台大從戈五參賽，到戈十五已是第十一年，參賽者已有好幾百人，許多聽來擁有蓋世武功的名號早被人取走了，如：「玉嬌龍」、「小龍女」、「大俠」、「赤兔」、「風清揚」、「冰炫風」、「貓女」、「女超人」……。或輕快、厲害的稱號：「小飛俠」、「神達」、「柯南」……等；如何取一個自己喜歡、又符合個性或特質，若能和自己原本的名字同音或相關更好，另外還要好記、讓人一聽就印象深刻、能琅琅上口……，真是不簡單。我的同班同學——A隊的陳光雄，因為名字中有個「雄」字，本想起個卡通「科學小飛俠」的主角名「鐵雄」、或象徵快腳的「赤兔」，但都早被人起走了，甚至連小叮噹中的「大雄」也花名有主，最後轉了個彎：「雄大」，也不錯！很有老大、大哥的意味！

我的英文名字是Rose，很多人都叫我「螺絲」，聽著也挺順，但是跑步可不能吃螺絲、或螺絲掉滿地，因此大漠花名絕不可定名為「螺絲」，但是，那又該取什麼名字好呢？著實想了好久，有隊友提議「丁小雨」——日本很紅的漫畫人物，因為覺得我長得就像她，可是漫畫人物設定的丁小雨卻喜歡玩大便！我這人最重視形象了，萬萬不可名為「丁小雨」，把我跟大便聯想在一起，那怎麼行呢?!若直接叫「玫瑰」，又感覺太「娘」太嬌貴，到底該取什麼花名好？「雄大」同學信手拈來：不如就叫「沙漠玫瑰」吧！加上「沙漠」二字，味道真的不同了！「沙漠玫瑰」不再那麼嬌滴滴，而帶有堅毅、在地、不畏風霜之感，唸起來也有氣勢，「沙」、「殺」同音，帶著幾分殺氣，符合我一旦訂定目標就不顧一切勇往直前拼命向前衝的性格，「沙漠玫瑰」於是定案。

根據戈十一組委會發放的一本《行知課堂基礎讀本》上的記載：「沙漠玫瑰」其實是一種石頭，原本只是一盤散沙，主要成分是碳酸鈣，也就是石膏，凝結在一起後，形成板狀結晶交叉、外形酷似玫瑰的簇簇花朵，非常好看。赴戈壁以前，為了確認「沙漠玫瑰」是有美感的，在網路上找到了圖片，讓我十分喜愛它看來酷、很有個性的外型，這種結晶狀的沙漠玫瑰石因為永不凋零，也有人形容它象徵永恆的愛情，看來自己這個花名取得還不錯。沙漠玫瑰也是種植物，常見的花色為紅色、黃白色，花朵有單瓣、複瓣之分，莖部很肥大，台灣部分販賣盆栽的店面可以看到。

在戈壁大漠三個晚上都與我同帳同寢的室友Cathy，是個人見人愛的美女開心果，她的小名「小荳」被眾人同聲否決，因為實在太可愛、毫無俠氣可言！為了起一個適合的大漠花名幾乎腸枯思竭時，也曾一度想乾脆以英文名直譯「凱西」算了，但洋名似乎總讓人覺得缺了些什麼，有些疏離感，也缺乏大漠應有的俠義精神，大夥兒動腦之際，不知哪位神來一筆：「海派甜心」脫口而出，頓時讓人覺得實在太符合Cathy既甜美又大喇喇的海派特質，若只取其甜而名為「甜心」，不僅太甜膩也嫌有些做作，「海派甜心」容納了她爽快、總是開口大笑、又有喜感，討人喜歡的性格，實在是名符其實，人、名相襯的大漠花名。

「寶馬」這個花名的定名過程也是曲曲折折。本名王寶慶的寶馬，曾為自己取了個令人忍俊不禁又雌雄莫辨的花名「瓶兒」，聽了讓人聯想為柔弱的古代侍女，後來又更名為「寶兒」，與韓國紅極一時的美女藝人同名，然而幾經考量之後，還是決定改為「寶馬」，馬象徵著速度，骨瘦如材的寶慶，相貌與馬倒有幾分神似，跑起來也像馬一樣快，「寶馬」既快又尊貴，大漠中的一匹寶馬奔馳，豈不神氣？這花名也取得好。

大漠夫妻檔不少，他們的花名也煞費苦心，管理學院榮譽教授柯承恩，擔任台大戈十一挑戰隊的院領導，出發前就為自己該取什麼花名而認真想了好久，本來我向他獻策，就以他的姓「柯」，取名為足智多謀的「柯南」如何？後來才發現「柯南」這花名早有主人。最後柯教授為自己取了極富意境、又有大漠fu的「風吹沙」，令人拍案叫絕！「風吹沙」氣勢十足，光聽名字，腦海中就浮現大漠狂風吹、沙塵捲起的震撼景象，看來教授取花名的格局果然不同。至於師母的花名為「西北雨」，夫妻倆一風一雨好搭檔，「西北雨」更有為大漠帶來甘霖的好兆頭，果然我們飛機一抵達敦煌就遇見當地極少見的雨勢！

B、C隊夫妻檔Izero「愛俐落」、Zerobia「俐落」是全隊的靈魂人物，先生

「愛俐落」從前是一百五十公斤左右的重量級人物，靠著堅強的意志力，循序以快走、慢跑、長跑、馬拉松運動減重，瘦到現在成了只有七十公斤的型男，體脂肪僅百分之十三，堪稱全隊的看板人物，更是號召跑步運動便可瘦身的活招牌；其愛妻「俐落」人如其名，十分俐落又幹練細心，是C隊的大將，戈十一整個挑戰隊的補給品、物資都由她製表、採買、分配，連行李打包方式都由她一一拍照做好樣本供大家參考，被奉之為「Z神」，夫妻倆的英文名字很特殊，大漠花名也乾脆採取直譯：妻子Zerobia為「俐落」，符合其幹練本色，先生Izero就叫「愛俐落」，直白

俐落與愛俐落是一對愛侶。

表達對愛妻的愛意，這對夫妻檔取花名的巧思，讓人忍不住一定要按個大大的讚！

另外一對夫妻檔「海派甜心」與「9V」則是一對無敵樂天的開心果，「海派甜心」花名由來如前述，「9V」則是他的英文名Jovi的簡寫版，簡潔、好記、響亮，與妻子「海派甜心」的花名很搭配，這對夫妻途中帶給我們許多歡笑，先生雖然當時尚未就讀EMBA，但與我們完全打成一片，也是C隊的靈魂人物，看來夫妻同心、共同參加戈壁挑戰賽這樣令人終生難忘的活動，是可使感情增溫、又能融入對方朋友圈的最好方法。

與歷屆相較，戈十一的參賽人數較少，A隊十人，B隊十五人，C隊只有個位數的五個人，可能也因為人少，感情也特別好。B隊中花名「天行者」的江詩凱，很有心思的依每個人個性的互補或相似之處，分為一組組小天使與小主人，在四天的賽程中，可以倆倆照應。

起初，大夥兒只覺得這是個不錯的好玩點子，沒想到又可以重溫大學時代的小天使、小主人角色扮演，直到實際在戈壁朝夕相處，才深切感受與自己的小天使或小主人成了有如兄弟姊妹般的好搭檔。台大B隊在大漠行走，兩人一列成一縱隊，小天使與小主人倆倆同行，其中，走搞笑路線、迷糊掉漆的「客拉客」，和迷糊成性的「波波」就是彼此的小天使和小主人，兩人如同一對寶，帶給全隊許多歡笑；喜愛吃零食的波波被大夥兒笑稱「柑仔店老闆娘」，因為她的口袋永遠裝滿了芒果乾、王子麵、QQ糖等各式零食，在荒漠中大大療癒了我們。

而穩重的「可汗」和優雅的「無

無雙和可汗這對小主人和小天使默契十足。

雙」，則是另一種類型的小天使和小主人，可汗總會冷不防地拋出個冷笑話，而不論路途如何艱難，無雙總能保持優雅的ＥＱ與儀態，完全平衡了客拉客和波波的無厘頭。

話少低調的Ｂ隊隊長「史丹」，是安靜的「安琪兒」的小天使，安琪兒是我的同班同學，記得她曾經以頸部開過兩次刀為由，婉拒加入班上的啦啦隊，但是，卻為了能參加戈壁挑戰賽，在四百公尺的田徑場足足跑了一百零五圈，完成一場自主初全馬，成功取得Ｂ隊隊員資格，可見她性格中的堅持與韌性。我曾經問她，對於完賽有信心嗎？她信心滿滿的回答：「我對耶穌有信心！」這種全然的信靠，讓同為基督徒的我不禁汗顏！

經歷戈壁的洗禮，每個人的花名已不再是一時的名號，而成為代表自己某種特殊經歷的別名，而且繼續以這個名字行走於人生江湖。因為，去過戈壁以後，每個人的生命，似乎都起了很大的變化，也因為戈壁的體驗，原本平凡的生活，多了不同的色彩。

台大戈十一挑戰隊點將錄

院領導：**風吹沙**——柯承恩，台大管理學院名譽教授，如一陣溫煦和風降臨戈壁荒漠，謙謙君子之風撩起大漠沙塵，安定了所有隊員的心，是挑戰隊重要精神領袖。

院領導：**小飛俠**——郭瑞祥，台大管理學院教授，六大馬[1]完賽者，已跑過一百多個國內外馬拉松；憑著一股傳承台大風範的熱情與使命，連續八年率領挑戰隊赴戈壁，並以歷屆參賽故事發展出獨門「戈壁管理學」，感動了更多台大EMBA學生嚮往戈壁之旅。

總教練：**教頭**——簡坤鐘，台大體育室副教授，自戈六至戈十五均擔任台大EMBA戈壁挑戰隊教練，面對EMBA這群大齡素人跑者，教頭以無比包容和嚴格的雙重精神耐心調教，是令所有戈友高度尊敬佩服崇拜的對象。

領隊：**寒天**——張振營，六大馬完賽者，曾為戈八A隊隊長、台大戈友會會長，非常擅長講冷笑話，大漠花名「寒天」即因此而來；他運用長袖善舞的溝通能力和好人緣，成為戈十一團隊和賽事組委會之間的橋樑。

執行長：**愛文**——廖長健，曾為戈十A隊成員，具有強健的體格和跑力，更擁有強大執行力，能同時駕馭公私領域各種不同重任，是組織內天生的執行長；戈十一後熱衷於三鐵賽事，以不斷電的續航力日復一日精實操練，挑戰自我極限是他最擅長的事。

隊醫：**傑士伯**——林文元，醫術精湛的名醫，雖然行醫經歷中甚少處理水泡，但為戈十一隊員處理水泡的細膩手法被讚不絕口！本身也是跑者的他，對於戈十一

（上）院領導──「風吹沙」柯承恩教授。（下）左起的領隊寒天、教頭和郭瑞祥院長促狹地「抽」起黃瓜。

的團隊精神滿是珍惜，視這份革命情感為一輩子的回憶。

物理治療師：**阿凡達**——賴冠帆，參加戈十一時為碩二學生，也是台大物理治療所柴惠敏老師的得意高徒，擁有超乎年齡的成熟心志，不論遇見何種傷患都能以超高EQ和物理治療手法緩解症狀；本身也是跑者，因此更了解跑者需求。

攝影師：**歐笠桑**——陳永霖，揹著十二公斤重的攝影包上戈壁，永遠默默扛著沉重的大砲，在賽道忠實記錄每位戈十一夥伴的身影；因為忘情於鏡頭中的影像而常忘記喝水，一張張照片捕捉最真實的汗水與瞬間，留下珍貴歷史！

A隊 隊長：**海膽**——黃張維，早在二〇一二年就挑戰過日本北海道薩羅馬100K超馬賽，與林義傑為A隊中最具跑步經驗的跑者，參加戈十一後，全馬PB已躍進為兩小時五十六分，也是建築業界少見的六塊肌董事長；雖然跑速飛快，但在賽道樂於為隊友配速、提速，以成就隊友與團隊成績為己任。

A隊：**寶馬**——王寶慶，從不懂也不會跑步的素人，蛻變為對跑步狂熱的跑者，在戈壁體驗了什麼是「跑到靈魂與肉體分離」的境界，是被全隊公認最認真、用生命在跑的人；參加戈十一後，更積極協助後續每一屆的台大戈壁挑戰隊，成為最有人氣的戈友。

A隊：**月玲瓏**——張秋月，賽道上，她是路遙知馬力的跑者，擁有驚人意志力，職場上，她是使命必達的專業經理人，再複雜艱難的任務也能堅忍不拔地努力完成；戈壁體驗太過深刻，讓她毅然決定繼續承擔戈十二執行長重任。

A隊：**追風**——孫維欣，身為戈十一跑得最快的女一，只有她才能「追風」！學生時代的短跑好手，曾為北一女一百公尺紀錄保持人，因為參加戈十一才開始練習長跑，從痛苦、不知如何配速和呼吸，到成為輕鬆駕馭全馬的凸台常客，付出極大努力，更從戈十一體會「成就別人、成就團隊」才是最美好的事。

A隊：**小傑**——林義傑，四大極地超級馬拉松總冠軍，曾經征服撒哈拉沙漠、絲路、亞馬遜叢林和南北極等地，這次以豐富的參賽經驗協助A隊獲得更好的成績，與隊友一起出發，一起到達；希望帶領更多素人跑者體驗世界各地不同的跑步競賽。

A隊：**雄大**——陳光雄，學生時代就熱愛各項運動，豐富的登山經驗使他在荒漠中也能很快辨識方向和路線，是戈十一女將得分的重要幕後推手；對於能為團隊成績盡心盡力感到很有成就感，認為戈十一是人生難得的體驗，後戈十一的人生因此更有勇氣與自信，也接下戈十二執行長任務；另外，他也因為參賽後回到高中時期的體重感到開心！

A隊：**俠客OJ**——柳承志，曾為籃球社社長的灌籃高手，擁有用不完的一身精力和極其性格的跑姿，一看就知道是厲害跑者，於不到一年時間完成六大馬；因為參加戈十一而結識許多對岸戈友，經常互相砥礪，未來希望挑戰難度更高的超馬賽事。

A隊：**王牌**——張躍騰，因為《王牌大律師》這部電影，身為律師的他也決定大漠花名為「王牌」；喜愛各式運動，初進EMBA嘗試壘球就成為王牌投手，並獲MVP榮銜。俊帥的外型讓戈十一夥伴更喜歡稱他為「花美男」。

A隊：**青蜂俠**——林清暉，賽道上最認真勤奮的身影，對自己永遠訂下一百二十分高標準，總想再多練一些、再快一些，加碼練習是常態；戈十一後征戰多場海外馬與三鐵賽事，已取得波士頓馬拉松資格，不斷挑戰自我也超越自我。

A隊：**迎風**——劉盈秀，職場上的幹練總經理，總是目標導向的她，也成為馬場上的常勝軍，擁有波士頓馬拉松資格；珍惜戈十一這一生僅有一次的經驗，戈壁體驗讓她有勇氣迎向日後任何挑戰、展現過人的毅力與耐力。

B隊 隊長：**史丹**——林茂裕，最穩重隨和的B隊領頭羊，參加戈十一團練使他瘦身有成，繼而全家都愛上跑步，馬拉松賽道上經常是一家人一起出發，一起到達，是B隊最溫暖近人的夥伴。

B隊：**客拉客**——韓曉鐘，貌似風流倜儻的型男，卻是最愛家的人；深愛戈十一團隊，見到戈十一夥伴感覺像見到家人一般親，雖然生性迷糊，諸事都需要提醒，但對於「一起出發，一起到達」深信不疑，是最具有團隊精神的好夥伴！

B隊：**天行者**——江詩凱，多才多藝的點子王，讓恐龍在戈壁現身就是他的點子，在荒涼大漠總能以熱情帶動全隊氣氛；體內有冒險的因子，嚮往各式壯遊與挑戰，參加戈十一後，又投入「八百流沙」挑戰賽志工、參加戈十二，並多次參與越野超馬賽事，不是在忙，就是在忙碌的路上。

B隊：**邁修羅**——張乃元，寡言的大暖男，永遠默默關心每個人，並適時以實際行動表達對朋友的支持。他在戈壁的口頭禪：「再來一次！」讓「一起出發，一起到達」口號聲高喊一次又一次，成為戈壁賽的主旋律。

B隊：**無雙**——吳瓊佩，跑得快又能保持優雅儀態真的不簡單，重點是她不論做什麼都能保持優雅，是維持B隊氣質的重要關鍵。當戴上太陽眼鏡、蒙上頭巾後，無雙與海派甜心相似度幾乎百分百，讓人分不出誰是誰。

B隊：**波波**——張淑萍，笑起來有兩個酒窩的大漠「柑仔店老闆娘」，嗜零食如命，口袋裡總有令人眼睛一亮的小零嘴，芒果乾、王子麵……，讓戈壁這樣的不毛之地頓時成為天堂。

B隊：**俠女**——鄭文婷，練跑認真可是常受傷，在戈壁行走腳上起的水泡，足足有半個腳掌那麼大，為處理水泡，每天完賽必向隊醫報到；俠女擁有堅強的意志力，儘管水泡痛、腳踝動輒扭到，但全程堅持到底征服戈壁！

B隊：**愛俐落**——李明哲，自稱肥宅的科技男，也的確曾經是體重上看一百五十公斤的重量級，現為體重七十上下的型男一枚，驚人的瘦身成果令人讚嘆！身為B隊副隊長，在戈壁賽道全程以精準的時間和紀律控制團隊速度和補水、補給。

B隊：**可汗**——蔣清河，五官深邃、人如其花名，具大漠「可汗」帝王之相；參加戈十一開啟了對跑步的熱愛，且愛到深處、越挫越勇，至今勤練不輟，為拿到六大馬之六星甜甜圈而努力不懈！

B隊：**海派甜心**——黃怡珮，天生跑才，不必多練就能跑全馬和超馬的跑者；初加入戈十一團隊，就被戈友慧眼相中是跑A隊的料，力勸再練一年成為戈十二A隊，但喜歡歡樂跑的她仍堅持參加戈十一，和夫婿9V兩人是總能逗樂全隊的開心果。

B隊：**沙漠玫瑰**——趙心屏，離開電視主播工作已久，但至今仍被稱為「主播」的資深媒體人；自小被老師嫌棄體能「就是不如人」，天真以為受過短時間跑步訓練就能挑戰戈壁，不料成為全隊能否全員完賽的瓶頸，賽後坐著輪椅回台灣，是一心希望勤能補拙的跑步肉腳。

B隊：**安琪兒**——周琪，頸部曾經動過手術而婉拒參加班上啦啦隊，但為參加戈壁挑戰賽卻能在四百公尺的田徑場完成初全馬，並靠堅強意志力和堅定信仰挑戰戈壁成功。

B隊：**華仔**——謝義簣，擁有博士後研究紮實學術基礎的跑者，為挑戰戈壁，每天清晨五點起床練跑，至今沒有中斷；帥氣的華仔在戈壁賽道全程在最前方掌旗，高大威武之姿可謂B隊門面，挑戰戈壁後更持續挑戰各種國際超馬，令人佩服！

B隊：**員外**——段繼明，曾為戈七A隊和台大戈友會會長，此次為「專業B隊」為戈十一服務，也是全程扶持沙漠玫瑰的「雙塔」之一。員外人如其名，又高又帥，一看便知不是隨便的跑者，至今已完成兩百多馬，人生目標「千馬」指日可待。

C隊 隊長：**維尼**——韓怡真，沉穩內斂的她，是C隊的定海神針，通常不囉嗦就完成國內外各種半馬、全馬；有她在，臥虎藏龍的C隊就有安定的力量。

C隊：**俐落**——邱千華，愛俐落賢內助，沒有任何事能難倒她，被隊友奉為「Z神」；在其他隊員還不知馬拉松為何物時，她就在跑步機上完成全馬，至今跑力不斷演化精進中，馬拉松獎牌對她而言是輕易可得的囊中物。自我要求極嚴格的她，對於跑步技術、補給撇步、跑者裝備都有精闢研究，不負「Z神」之稱！

C隊：**慧跟**——王雅慧，宜室宜家的天生賢慧人妻，也是比先生更像EMBA學生的眷屬；不跑則已，一跑就愛上，並征戰國內外馬拉松賽事，是人見人愛好相處的好夥伴。

C隊：**9V**——陳俊輝，羽球高手，因為追隨愛妻海派甜心的腳步而被迫開始練跑，至今仍聲稱不喜歡跑步，但跑起來快得嚇人，只是始終無法持久，屬短跑比賽型跑者。

C隊：**生化人**——陳昌甫，積極練跑讓原本圓潤的他蛻變為黝黑精實的「生化人」，跑力堅強；雖是意外加入C隊，但極為融入C隊的歡樂氛圍，至今練跑不輟，並積極協助後進者加入戈壁挑戰隊。

1 世界六大馬拉松（World Marathon Majors），被跑友簡稱六大馬，包括波士頓馬拉松、東京馬拉松、倫敦馬拉松、柏林馬拉松、芝加哥馬拉松和紐約馬拉松，全數完賽者可獲得六星獎牌（Six Stars Medal），被跑友視為一大榮耀，也是許多跑友夢想能達到的目標。

教練的當頭棒喝

戈壁挑戰賽是有難度的越野賽事，台大每一年從當年的挑戰賽結束後，趁著賽事熱度未消，開始為下一屆招兵買馬。剛完賽的挑戰隊隊員中，有許多人具有高度熱忱，自願傳承經驗、扛起帶領下一屆的任務，並互相協調擔任下一屆執行長和訓練長等幹部；戈十一執行長愛文就是因為在參加戈十A隊後，深受戈友學長姊的無私帶領而感動，認為每一屆都應該有人主動為下一屆付出，於是自告奮勇承擔執行長的重任。歷經十餘年的參賽經驗，戈壁挑戰賽已經成為台大EMBA的一項重要活動和傳統，甚至於有人報考台大EMBA的目的就是為了參加這項賽事。

中年素人練跑，從零開始

想參加戈壁挑戰賽而練跑的人，多是從每個星期二晚上的「門外社」社團活動開始。「門外社」是台大EMBA以跑步為主的戶外運動社團，之所以取名「門外」是源自於outdoors「戶外」之意，也意味著戶外運動的門外漢都可以加入社團，進而走進「門內」，愛上戶外運動。

週二晚上的練跑氣氛很輕鬆歡樂，有許多經驗豐富的學長姊陪跑兼推坑，他們總是親切地招呼新來的學弟妹，很有耐心愛心地從暖身操開始，一直到陪

頂著烈日在田徑場練習是挑戰隊週末的常態。

跑和最後的拉筋收操都全程陪伴，一趟下來讓菜鳥們覺得收穫豐富，錯覺跑步似乎一點也不難，更樂於下週再次參加，不知不覺就入了跑步的坑，目標公里數也漸漸累積，從操場一圈的四百公尺慢慢開始，接著隨學長姊跑操場之外的校園三公里路線，每一次氣喘吁吁地完成，累歸累，心裡卻也有滿滿的成就感，自己也開始想呼朋引伴，希望有更多人一起跑，一起享受運動的快樂。

就在這種漸進式的無形之中，跑步這件事已經不像一開始的陌生、心生畏懼，反而樂於嘗試挑戰自己的能耐，當完成了三公里、再推進到五公里、十公里……，往往在社團活動時聽見學長姊們又報名了哪些賽事，哪些人又破了PB（Personal Best，個人最佳成績），還有人口沫橫飛地分享出國跑馬經，這些故事都開了菜鳥學弟妹的眼界，覺得自己進入了一個前所未知的領域，原來跑步可以這麼好玩？下次也想嘗試報名一場馬拉松看看……。就這樣，抱著興奮的心情越陷越深，漸漸樂在其中、無怨無悔。

加入挑戰預備隊，每週固定團練

打算參加戈壁挑戰賽者，會被加入群組成為預備隊員，展開週二之外的練習。一開始增加週四晚上的團練，由歷年來訓練台大戈壁挑戰隊的簡坤鐘教練指導。簡教練是台大體育室副教授，也是台大田徑隊教練；他曾是國家田徑代表隊國手，也曾擔任亞特蘭大奧運田徑總教練。身材精實、皮膚閃著健康古銅色的簡教練，平時指導的都是田徑隊的大學生，而對於ＥＭＢＡ這群大多是中年才開始跑步，忙碌了一天之後下了班才趕到田徑場的素人跑者，多是以鼓勵為主，但也相當嚴格。

週四晚上，依簡教練的指導在司令台後方的簡易健身房重訓、並練習跳繩，正式練跑以前，教練會帶大夥兒做動態馬克操，也是多數人第一次接觸什麼是動態馬克操；由於這樣的團練並沒有一定的強制性，ＥＭＢＡ學生晚上常有應酬或需要加班、出差，出勤的情況不是很理想，往往也有人中途退出或加入，一直到挑戰賽舉辦的當年年初，練習人數仍不是很穩定。

遲到早退、零零落落的戈十一預備隊

戈十一預備隊員中包括了在校生和已經畢業多年的校友，大多原本互不相識或根本不熟，加入預備隊的原因也各不相同，僅有少數人一開始就抱定非參加不可的決心，多數是因為好奇、有同伴揪所以報名試試看；此外，人數也似乎是歷年來最少的一屆，相較於兵強馬壯的戈十，總共近五十個隊員的堅強陣容，戈十一A、B預備隊都只有十餘人，賽前還要再淘汰不適人選，人數將會更少。人少，自然家屬也少，C隊的固定班底只有維尼一人是在校生，其他都是家屬：包括慧跟、史丹的太太雯瑛、愛俐落太太俐落，以及海派甜心的先生9V，總共才五個人。

人數少不打緊，預備隊員的素質，卻也是歷年來最不被看好的一屆。

隨著賽事日期的接近，團練時間又增加了星期六早上，但是在校生的上課時間多在週六日，九點以前必須趕到教室，早上六點到操場集合對於部分的人來說也需要很大的毅力，然而，簡教練永遠都在六點以前就抵達操場司令台，遲到者一看到教練嚴肅的面孔和炯炯眼神就不寒而慄心生愧疚，但也有人下次乾脆就不來了。執行長愛文為了如何凝聚預備隊員的向心力而煩惱，希望在正式出賽以前，大夥兒能有高度團隊意識，決心為校爭光、挑戰自我。

然而，A隊預備隊員在賽前卻總是無法到齊，其中的明星隊員林義傑更是因為過於忙碌，一次也沒有出席過團練；至於B、C隊，除了少數全勤認真練跑，多數都因為個性使然或平日工作忙碌，再加上不是競賽組，一直處於一種有點散漫、不夠積極的狀態，團練時常有人未到、遲到或早退，更有人加入預備隊後默默消失，尤其遇到要上課或考試、交報告的週末，在校生早退的情形更為嚴重。身為EMBA學生，還是得以課業為重，所以當有人練到一半臨時以上課為由向簡教練告退時，教練的臉色通常很難看，但仍點頭允准先行離開。記得一個炎熱的早晨，B隊夥伴俠女為了趕著第一堂課要上台報告，一時心急，沒有告知教練，匆匆跑了兩圈以後就順勢騎上停在一旁的摩托車，直奔教室而去，教練望著機車揚起的陣陣飛塵投射出嚴厲的眼神，讓我們至今難忘這段插曲。

隨著上戈壁的日期越來越近，團練時間再增加了週日早晨，每週共四次訓練，教練帶領我們到不同的地點練習，以不同的環境和地勢加深跑步實力；為了因應戈壁的沙漠氣候，我們也常頂著大太陽跑，進行耐熱訓練。

漸漸地，每一次相聚練跑，成員越來越固定，我們為著同樣的目標練習，也開始慢慢體會「一群人可以跑很遠」的樂趣，連C隊的家屬們也不例外，雖然C隊到時只會在戈壁體驗一天，參賽前完成三十公里的測驗即可，相較於A隊的決選將在全馬中比拚速度，以及B隊的決選需要完成一場全馬，C隊要輕鬆許多，但多數C隊的夥伴仍跟著大夥兒一同練習，同屬預備隊員的彼此也從不熟識，慢慢培養出像家人般的感情。

十五公里、三十公里、全馬，通過始為正式挑戰隊員

所有預備隊隊員都必須分階段通過測驗，才能一步步往正式隊員的身分邁進，

首先是十五公里的初測，接著是三十公里的複測，最後是四十二點一九五公里的全程馬拉松測驗。如果無法在預定測驗的日期出席者，必須擇日在操場完成同樣的公里數。

我的三十公里測驗就是在學校操場完成的。一圈四百公尺的操場，換算得跑七十五圈才行，想到腿就軟了，沒想到我的同班同學海派甜心居然說，願意跟我一起測驗。她常嚷嚷著要去戈壁但從來沒有參加過團練，也說自己從來沒有認真跑過步，我雖與她在測驗日期相約，但是心裡也默默做了會被放鴿子的準備。

沒想到她準時出現，令人喜出望外，可是，從來不跑步的她沒有運動錶，手上只戴了可以計步的小米手環。執行長愛文當機立斷，沒關係，反正兩人一起跑，我的手錶記載多少公里，就代表她也跑了多少公里數。

我倆在夜裡的操場一圈接著一圈跑，三十公里實在很長，好像永遠也跑不完，其間A隊的月玲瓏也來陪跑，為兩菜鳥打氣一番；細心的愛文在司令台準備了簡單的能量膠等補給，讓我們可以隨時停下來補充熱量。就這樣從傍晚六點多開始，直跑到晚上九點多還沒有跑完，夜色越來越濃，我們以約莫七分半的龜速，要跑滿三十公里還有得等，正當我跑到超過二十三公里時，愛文決定喊停，「今天就這樣吧，算妳們過關了，再跑下去，時間就太晚了！」

可不是？一看時間，都已經九點半了，既然執行長說可以，我們如釋重負樂得停腳，勉強算是通過複測，心裡非常高興，覺得離戈壁又近了一點！

還沒開始就接近結束的戈十一？

繼續參與團練，一次在河濱的練習，如同以往的A隊仍舊沒到齊，B、C隊總是說說又笑笑，板著臉孔的簡教練突然說：「你們以為戈十一是到了戈壁才開始嗎？錯了！等你們上了戈壁，戈十一就結束了！」

我們面面相覷，丈二金剛摸不著頭緒，教練到底在講什麼啊？只聽得教練繼續很嚴肅的說：「現在就是戈十一進行式，到戈壁以後的戈十一很快就會結束，你們倒數，看看戈十一還剩幾天？還不好好把握?!」

霎時我們明白了，過去和此刻的團練，都是戈十一的一部份，而我們一心期盼的戈壁四天賽程已是戈十一的最後歷程，隨著上戈壁的時間越近，也越接近戈十一終了的時刻。

教練這一番話有如當頭棒喝般讓我們立刻都醒了過來，你看著我，我看著你，同為戈十一夥伴，我們辛苦流汗練習，都是為了上戈壁的那四天準備，此刻已是戈十一進行式，怎能不珍惜？

至此，團練對我們的意義已然不同，戈十一正在倒數，越接近以為的「開始」，卻是越接近結束。這段時光不僅是為戈壁四天賽程儲備能量，它就是戈十一，我們怎能不認真以對每一次的訓練？

最後的四十二點一九五全馬測驗

三月份的貢寮馬拉松，是能否成為正式挑戰隊隊員的決選，當時，除了從沒來團練過的小傑，和全馬成績約三小時的海膽之外，預備隊中沒有人跑過全馬，對於四十二點一九五公里只覺得是天文數字、很可怕，或根本不知道可怕。

清晨搭著大巴士從台北出發，有許多戈友學長姊同行，準備為沒有經驗的我們陪跑配速，大夥兒在車上有說有笑；A隊夥伴各自若有所思，因為將在這場馬拉松中以速度取勝，B隊的標準是在六小時內完賽，但是對於「全馬」根本沒有概念的我們，心裡模模糊糊地覺得只要跟著學長姊跑就對了，至於是否能完賽完全沒有把握。相較於A隊腰間帶著補給、腿上都有貼紮的備戰模樣，傻乎乎就準備跑初馬的B咖還不清楚要準備什麼，還有人特別穿著新跑鞋上陣。

眾人中獨不見王牌，原來他獨自駕車先到小傑家把才睡了三個小時的小傑叫醒，要他非得跑這場馬拉松不可，因為若不參加決選，就沒有參加戈十一的資格。

接近參賽日期，A隊全副武裝揹水袋練跑。

睡眼惺忪的小傑只好匆匆著裝跟著王牌出發。

鳴槍起跑後，所有台大戈十一預備隊員跟著各自負責配速的戈友學長姊，開始了自己的人生初馬。只見小傑輕輕鬆鬆地上路，後面緊跟著王牌和寶馬，中途王牌自知跟不上而調整速度自己跑，寶馬勉強繼續跟，一心顧著跑步而無暇吃補給補充能量，後續很快就被拉爆，跑了超過五個小時才完賽。其餘A隊成員跟著學長姊依事前規劃的配速一一完賽，但有多位自認成績不理想，預備隔一週的萬金石馬拉松再捲土重來。

B、C隊成員大多是在歡樂氣氛中，隨著帶了自拍棒的學姊跑著，貢寮馬的前半程沿著海岸，壯闊的海天一色令初次跑全馬的我們興奮不已，邊跑邊拍，每十公里進補給站暫歇，吞下學姊準備、初次嚐試的BCAA和能量膠，只有部分平時勤練的夥伴認真配速，很快就看不見他們的車尾燈。接近三十公里，進入了筆直又看不見盡頭的公路路段，許多隊員已經疲累不堪，開始懷疑能否完賽。C隊夥伴只要完成三十公里就算及格，但B隊必須繼續撐到終點。

三十五公里左右，地勢起起伏伏，我和海派甜心、慧跟、天行者是全隊跑得最慢的幾個人，天行者遠遠落在看不見的後方，海派甜心則開始掉眼淚、改為步兵模式，她特別在賽前買了雙新跑鞋，喜孜孜地穿來跑初馬，沒有多久就感到鞋子太緊，一路忍著已經忍不住了。我也跑不動，勉力維持著跑姿，但其實速度已經比走路還要慢，聽到啜泣聲，只有大聲對她喊，「絕對不能停，我們一定要完賽！」

四十公里處設置了終點前最後的補水站，駐守的護理人員看到我的模樣就說：「妳上回收車吧！」我斷然拒絕，拉著眼淚還沒乾的海派甜心繼續龜速向前，最終，我們都以近七小時完賽！

最苦情的不是我們，B隊好幾位夥伴安琪兒、客拉客、可汗和邁修羅因為沒有參加貢寮馬，而必須在學校操場完成全馬。當天，他們一圈圈跑著，從清晨跑到了中午，終於跑完了一百零五圈的人生初馬，每一個人都疲憊不堪但也同時開心不已，通過這一關，可以去戈壁了！

儘管B隊多人的全馬成績超過六小時，但最後簡教練看在大家一心想上戈壁的熱忱，也認為全馬完成已代表有一定的肌耐力，再加上B隊全程可以步行完賽，因此通融我們成為正式挑戰隊隊員。

終於可以由代表預備隊員的黃色T恤，換穿正式的橘色戈十一運動服，橘袍加身對我們而言是種榮耀，滿懷著喜悅與憧憬，看來，一圓去戈壁的夢想已是近在咫尺。

不只是跑步

隨著參加戈壁挑戰賽的隊伍有了雛形，還有很多練跑以外的事務需要處理。首先是挑戰隊的組織編制，和企業一樣，需有專業經理人和明確的組織分工。最高領導是負責帶領全隊、綜理隊務的執行長，並設立訓練、財務、公關、裝備等幾個事務組，各自依事務分工：訓練組負責和教練討論、規劃團練內容及日程；財務組負責收錢、管錢、作帳；公關組要想團隊口號、製作參賽宣傳影片、規劃B隊每天在終點線前的表演項目，並籌辦行程中所有相關活動；裝備組則要張羅採買所有參賽時需要的服裝、裝備、補給品等物資，每一個組都很重要，各項工作之繁重，經常不亞於體能的操練。每一個事務組設有組長，A、B、C各隊也有隊長負責領導、建立團隊意識。

一步一腳印，參賽經驗點滴傳承

這樣的組織和分工，是延襲自一屆又一屆的參賽經驗，由戈友學長姊自戈五開始傳承而來。往往，剛加入挑戰隊時都以為，只要練跑就好，直到參與的越深，才知道跑步之外還有許多繁瑣複雜的工作得有人負責。

台大戈十一雖是歷來參賽人數最少的一屆，但是組織編制和相關事務一件也沒有少，除了每週四次團練，幹部必須不時在群組或召開會議討論各項工作的進度，並向所有隊員報告。赴戈壁之前一週四次的團練與大量的準備工作，讓多是上班族的我們忙得不可開交。

很難想像，如果沒有歷屆戈友的參賽經驗，這些千頭萬緒的事項要怎麼開始籌備？然而，第一次參賽的台大「歌舞團」就是從零開始，回看戈五當年的照片，每個人都灰噗噗的，穿著寬鬆的長褲、腳上的防沙套看來似乎防不了沙，很有歷史感和幾分風沙味。直到戈六，帶隊的黃崇興教授以蒙古的「靈旗」為靈感，設計了

自戈六起，台大挑戰隊以蒙古的靈旗為靈感，設計了正式的隊旗。

台大戈壁挑戰隊隊旗，才有了這一面黑底、橘黃烈日追逐著跑者人影的正式隊旗誕生。戈七開始，挑戰隊首度以鮮豔醒目的橘色隊服征戰大漠，從此奠定台大挑戰隊在戈壁的招牌顏色；自戈七起，時任管理學院院長的郭瑞祥教授每一屆都親自帶隊出征，以塑造團隊精神、傳承團隊風範為使命，將歷年的參賽故事和經驗整理成一套獨門「戈壁管理學」，讓後進者得以明瞭參賽的意義。前人一點一滴的付出，經過連年不斷傳承、演化、精進，才有後來的我們。

從事各項行前準備工作，不知不覺讓隊員更了解彼此、也更有默契，當我們看見隊友的付出，自己也想付出更多。

共學、共事、共遊，重溫青春的味道

大多數人進入EMBA就讀時年齡都已經超過四十，不論上課或參加社團活動，彷彿從中找回舊時青春的滋味，重溫已遠的學生生活，感覺特別珍惜；同學、學長姊之間的關係也回到學生時代一樣的單純，和日常工作中的同事有從屬、部門之隔完全不同。與同學、學長姊一起努力，沒有任何業績壓力，卻有明確的共同目標，尤其戈壁挑戰賽是人生中難得的經歷，前面幾屆已在戈壁樹立風範，使得大夥兒更有一份使命感。

在協力合作之下，最終，全隊隨訓練組的規劃，完成了所有團練和野地露宿實地體驗，學會了急救、搭帳棚，以應付未來四天三夜在沙漠露宿的生活。最為複雜的裝備問題，裝備組以長達四十三頁的簡報、一百零五項必帶物資清單，圖文並茂羅列所有行前個人裝備和打包、服裝說明

賽前進錄音室錄製戈十一自創歌曲。

事項，隊員於是能按表一一準備各自的行李，確保一樣都不會少帶。公關組分頭募集了各方贊助的物資讓配備更完善，並製作創意十足的影片介紹台大參賽精神，還設計「妖怪操」等歌舞表演，準備在戈壁令眾人眼睛一亮，另外也採購了一隻可愛的「樂樂猴」玩偶，做為猴年參賽送給各校的紀念品；這全數事務都有財務組精算各項收支為後盾，所有籌備過程和心得也將繼續傳給下一屆做為參考。

參加戈壁挑戰賽，絕對不只體能，而是一樁需要群策群力、眾志成城的大型專案，待所有事項就緒，也到了準備啟程的時刻。

台大戈十一挑戰隊吉祥物：樂樂猴。

一起出發，一起到達

挑戰隊中的公關組，面臨的頭號難題是：想出一個能代表台大精神、又可提振全隊士氣的響亮口號。為了想出這個不同凡響的口號，燒腦了很久都沒有靈感，實在想不出任何石破天驚、有創意的口號。

回顧以往，台大戈九的口號是「只要出發，就會到達！」表達出一種決心和信念，一旦出發，就會到達，別無懸念！

而戈十的口號也很響亮，特別冠上隊名：「台大戈十，跑就對了！」非常簡潔明瞭好記，在戈壁大漠的漫漫長路中，不論過程再艱辛，只要喊出「台大戈十，跑就對了」！就可以惕勵自己繼續向前。「跑就對了！」四個字極其傳神地表達出越野長跑應該具備的專注心志，無論發生什麼事，什麼都別多想，只要「跑就對了！」戈十的這句口號也完美無瑕地可以和戈九口號前後連成一氣：「只要出發，就會到達！跑就對了！」或「跑就對了！只要出發，就會到達！」不論哪一句在前或在後，喊起來都很順口，完美銜接成為一句口號，似乎也隱含了兩隊先後傳承、台大戈十延續戈九風範的意義。

前有如此完美的口號，戈十一當然也不能落人後，然而我苦思多時，實在擠不出一句令人聽了為之一振的口號，有一度我思考著是否以戈十一的兩個「一」字來做文章？如「一心一意，一路挺進」或「一心一意，堅持到底」？其他隊友也提出「戈壁十一，台大第一」、「一夫當關，一馬當先」、「台大戈十一，一直向前跑」……等十幾組口號，我們還慎重其事進行內部票選，然而，這其中沒有任何一句能夠真正打動人心，因此最後票選也是不了了之。

直到某日，當時已經連續四年帶領台大挑戰戈壁的管理學院院長郭瑞祥，邀

「一起出發，一起到達」戈十一口號傳達戈壁精神。

了曾是戈十隊員的廣告才子——智威湯遜董事總經理鄧博文學長與我一起開會，三人共商宣傳影片的製作事宜、並一起發想口號。我先拋出以兩個「一」成為口號元素、凸顯這是第十一屆比賽的想法，學長沉思了半晌，脫口而出：「一起出發，一起到達！」郭院長也立時拍案：「就是這一句了！」原來，前兩年的戈九在競賽日第一天就遭逢沙塵暴，瞬間天地變色，狂風沙遮蔽天際、伸手不見五指，但台大隊伍在漫天風暴中立刻發揮團隊精神，全隊以三人為一列、手勾著手結伴而行度過風暴，親身經歷過後的院長在筆記本寫下：「一起出發，一起到達」，沒想到博文學長的靈感竟如此有默契與他當年的筆記完全一致，可見這八字確實是台大隊伍力行的團隊精神，於是戈十一口號就這樣拍板定案。

我的反應比較慢，或許因為當時才剛剛開始練跑沒多久，對於「戈壁」僅止於照片和網路上的影片等淡薄印象，尚未實際參賽，無法切實感受在大漠「一群人」的團體力量究竟有多大，因此無法真切體會這句口號的意義，只在心裡默默咀嚼玩味，覺得這一句很不錯；當下，只為學長幫忙解決了這個大難題而鬆了一口氣，渾然無感實際要做到「一起出發，一起到達」有多難，更想不到自己將成為台大戈十一挑戰隊「一起出發，一起到達」的瓶頸……，直到真正上了戈壁、跑步多年以後，才深切感受這一句話真正的意涵和力量是什麼。

會議後我欣然把這句口號傳達給挑戰隊的所有夥伴，想當然耳，所有的人都十分認同。其實，大多夥伴也都和我一樣，以為那只是句用來喊喊的「口號」，殊不知，「一起出發，一起到達」將從這一屆起，成為台大挑戰隊的標籤、戈壁大漠上所有參賽隊伍嚮往的精神與典範。

行動

一份決心，一種勇氣，一次冒險

出發

我們現在要出征

二〇一六年五月十九日，星期四，氣溫攝氏二十五度，多雲，一個再也平凡不過的台北早晨。

八點多鐘，我坐在客拉客的車後座，嘰嘰喳喳地想把氣氛弄得活潑些，因為從後照鏡觀察，坐在駕駛座的客拉客太座，神情似乎有些嚴肅。

我們要先到學校集合，準備搭機飛往北京，再從北京轉機到敦煌；在敦煌停留兩晚，參加組委會為所有參賽隊伍舉辦的「點將台」活動和賽事安全講習，再從敦煌拉車到兩百多公里外的戈壁大漠。

我和客拉客同為B隊的成員，我猜，嫂子正為丈夫此行掛心，因此幾乎不發一語地蹙著眉頭緊握方向盤。客拉客特別去理了個超酷的髮型，在右側頭皮上剃出明顯的數字「11」，龐克造型和嫂子的憂慮形成一種特殊的對照。

擔心是必然，我們即將前往的不是普通的地方，行前特別查了資料，「戈壁」一詞其實是一種廣義的說法，是蒙古語gobi的音譯，它的幅員遼闊，面積足足有三十三萬平方公里的中國最大沙漠「塔克拉瑪干沙漠」的三倍大，位置在蒙古國和中華人民共和國內蒙古的分界；而我們將參加的「玄奘之路商學院EMBA戈壁挑戰賽」，賽事路段所在的

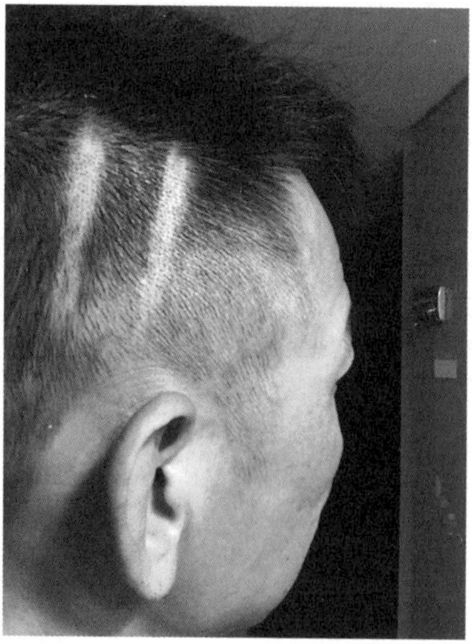
客拉客特別在在頭上剃了11字樣。

「莫賀延磧戈壁」僅是廣義戈壁的一小部分。

眾人喧嘩，一生一次的挑戰即將開始

不到八點半，當我們抵達集合地點——台大管理學院一號館前，已是人聲鼎沸，穿著胸前印有「戈11」大字橘色運動衣、頭戴紅帽的夥伴們，活力十足地拍照、大嗓門吆喝著，不仔細看還以為是群精力過盛的年輕人，其實卻是多數臉上都刻畫著歲月痕跡的中年人士；行前儀式熱鬧展開，司儀舉著大聲公，興奮不已地宣告挑戰隊的出發，掌聲、歡笑聲、口號聲伴著大串彩色氣球冉冉升空，我們的心也像氣球般雀躍飛揚，太過興奮的高分貝讓警衛怒沖沖地趕來制止：「現在是上課時間，你們是什麼團體？怎麼這樣吵鬧？請安靜！」

警衛的怒喝抑制不了眾人喧嘩，其實管理學院院長郭瑞祥教授也在人群中，今年他也將帶領我們前往戈壁。喧鬧的儀式過後，兩輛大巴士緩緩停在人群前，穿著橘衣的隊員魚貫排隊上車，而另一群穿著上面印有「戈友會」字樣的黑衣學長姊則列隊鼓掌歡送，大夥兒持續著歡樂高昂的氣氛，車內車外互相揮手道別，也不停用手機拍照錄影，記錄這行前的倒數時刻。望著學長姊的黑色polo衫，我們心裡默默期待著：待完賽後就可以穿上這一身黑衣，晉升「戈友」身分了。

即將赴大漠展開長征的我們，在實際踏上那一片荒漠以前，並不知道自己將經歷些什麼，而像無知的孩子般興奮，對於未知毫不膽怯，而是大膽期待以對。雖然我們都是曾經滄海的熟齡社會人士，對於任何人生風險應該都具有高度意識，但決定參賽卻來自於我們內心最純粹的一種天真與單純，不知道為什麼，我們不怕，只是勇往直前，一心一意想完成這場一生僅有一次的挑戰。

來送行的家人卻沒這麼輕鬆，看得出他們雖擠出笑容但臉上仍帶著一絲擔憂；而巴士內，笑語早就淹沒整個車廂，看來像是要去遠足般興奮，眾人滑著手機，忙著把剛剛拍的一張張照片上傳社群媒體。準備多時，就為這一天的來臨。出發了！我們將飛向未知陌生、但一心嚮往的戈壁，我不禁在心裡吶喊：「戈壁，我來了！」

旱漠中的罕見甘霖

整齊劃一的台大風範

從台灣到甘肅省酒泉市的敦煌，路途遙遠，得先飛到北京住一晚，隔天早上再從北京轉機到敦煌。台北出發時，我們穿著整齊一致、胸前印有「戈11」大字的亮橘色排汗衫，下半身是鐵灰色長褲和運動鞋，頭戴紅色運動帽，外罩亮橘色薄外套，一看就知道是個目的一致的團體。行前，每人手中都有一份巨細靡遺、載明服裝該怎麼穿的「每日服裝規定總表」，率隊的管理學院院長郭瑞祥（現任台大管理學院教授、時任管理學院院長）耳提面命地強調戈壁之行的台大「風範」，而且是不論身在何處都要隨時展現的「風範」。

當時我聽得似懂非懂，以為「風範」是某種「偶包」，身為台灣第一學府的學子，當然要有該有的樣子。仔細看我們的「每日服裝規定總表」，換裝頻率還真不低，搭機時、轉機時，不同的活動、場合都要換穿不同服裝，什麼顏色的T該搭什麼顏色的外套，下半身又該穿什麼，以及太陽眼鏡、圍脖、吉祥物……等其他各種配件，還好有這張表格，否則誰也記不住。記得收行李時，我的各種服裝、裝備、補給與各式用品攤滿了一整張雙人床，每日服裝依日期分裝在不同的透明夾鏈袋裡，外面貼上日期貼紙，一天一袋才不會搞錯；細心的裝備組夥伴特別為每一套不同的服裝組合，分別拍了男女生照片，以免糊塗的我們還是搞不清楚該怎麼穿。

印象最深的是，裝備組的夥伴細心示範，將衣物裝進夾鏈袋後，先一屁股坐下去，擠出袋中空氣再將夾鏈封緊，如此一來，幾近真空狀態，可以節省行李箱的空間，一袋袋像壓扁豆腐乾似的衣物也更容易裝箱，這樣高段的整裝達人功力令人嘆為觀止！

由於路途實在遙遠，第二天從北京飛往敦煌搭乘的是早班機，凌晨三點半就起床了，這一天的服裝規定是較前一天橘外套稍厚些的藍色外套，一行人在機場魚貫排著隊，鮮豔的藍衣讓我們看來十分醒目，腳邊排成整齊一排的長方形黑色「馱袋」更令人忍不住多看一眼，一個個裝得沉甸甸、十分飽滿的馱袋，每個都有二十公斤重，袋內全是每人在沙漠中必須使用的各種裝備和物資。

二十公斤重馱袋、一百零五項必備物資，戈壁挑戰大

沙漠的地形地貌變化多端，連行走都可能困難，在都市慣用的滑輪行李箱沒有用武之地，因此主辦單位規定每位參賽者攜帶「馱袋」裝載個人物品。顧名思義，「馱袋」無法用手提，得用馱的。每天清晨，在沙漠的營地拔營準備出發以前，必須將全隊的馱袋集中起來，搬上載運車，載到下一個營地；每一袋二十公斤的重量，真苦了負責清點、搬運的裝備組夥伴。為了要在這片不毛之地度過四天三夜，任何生活所需都必須攜帶，除了個人物品，還包括每晚紮營要用的帳棚、睡墊、睡袋、吹氣枕頭……，全都得盡可能塞進馱袋。翻出當年長長的裝備清單，上面整整

沉甸甸的馱袋，每個都有二十公斤重，裝滿四天在沙漠生活的必需品。

羅列了一百零五項必須攜帶的品項。

沙漠裡沒水沒電，四天三夜將遠離文明、過著最原始的生活，不但需要自行紮營、睡帳棚，吃喝拉撒也全都在大漠上。主辦單位除了每天在營地和賽道上的打卡點供給飲用水，沙漠中沒有任何水源可供洗滌，因此根本省了「盥洗」這件事，路上只能使用乾洗手清潔，我們每人也都帶了足夠的溼紙巾，回到營地時可擦拭臉和身體，代替每天洗臉洗澡，也可在上完廁所後清潔用。乾洗頭也是必備，可稍稍清潔一整天奔走在風沙中、滿是沙塵的頭髮。想刷牙？門兒都沒有，可自備漱口水和牙線之類的。很多人問上廁所怎麼辦？如果是在營地，有臨時搭的流動廁所，但其實裡面就是一個深坑，那景象……，還是別寫的好。而如果是白天在賽道上想方便，那麼大自然就是廁所，隨處都可以任你解放……。

當親友得知我們將到戈壁沙漠度過如此原始野蠻的生活，莫不大驚失色，直問為何要去？為什麼想去？人們的反應其實非常正常，是我們這群人比較不正常，放著文明都市的舒適便利生活圈，跑到大老遠不適人居也無人居住的荒漠，為要挑戰自我，測試自己的極限？

其實我不懂，似乎也從沒想這麼多，反正四天就忍著點。因為想去，所以報名參加；因為想去，所以莫名地開始練跑，幻想在短短幾個月內從跑步肉腳蛻變為運動員般的健將，然後到沙漠去，考驗自己的能耐！

吉兆？乾旱之地卻降甘霖

當飛機抵達敦煌，當地竟然下著小雨，讓我們全都訝異不已，敦煌全年降雨量不到五十公厘，五月份的平均降雨量只有不到三公厘，這場小雨，怕是把當年一整年的雨都給下完了！巴士上的地陪也對這場雨嘖嘖稱奇，而天降甘霖，象徵著好兆頭嗎？作為戈壁挑戰賽起點的城市，敦煌機場內高掛著大幅挑戰賽文宣，照片中的人物，正是前一屆比賽——台大戈十挑戰隊A隊隊員「路飛」的英姿，我們興奮得與廣告看板合照，覺得那穿著挑戰賽標準戰袍的模樣真是帥爆了，想像自己過兩天也將這樣打扮前進戈壁，有股「我現在要出征」的豪氣湧流體內，心裡不禁再次低喊：「戈壁，我來了！」

下榻的富國飯店不大，但清爽乾淨，在飯店附設的餐廳用過午餐，緊接著下午教練就安排了團練，我們在附近的公園做操、暖身，正在進行動態熱身時，我發現在台灣拉傷的左大腿內收肌傷勢好像變得更嚴重了，不但隱隱作痛，要命的是只要一邁開步伐就痛，這可怎麼得了?!

隱憂！腿傷加劇，內心忐忑難安

望著身邊夥伴一個個如常地依教練口令跑動，我竟然感到傷處痛不可扼，越痛、心裡就越緊張，硬著頭皮上前向教練報告，教練立刻要我停止訓練，休息。

默默退到一旁，心裡想著，好像休息也不會好，難道，就這樣上戈壁？四天三夜的挑戰，我頂得住嗎？人都從台北飛到敦煌了，戈壁就近在咫尺，難道在這個節骨眼退賽？

心裡亂得很，一時找不到解方。台大連年榮獲全員百分之百完賽的「沙克爾頓獎」難道要斷送在我的手中？那我豈不是罪人？

反覆思想這個苦惱的問題，整個人內心像是失了魂，吃止痛藥也不見疼痛好轉，到底該如何是好？整整思量一天後，我流著眼淚向執行長愛文表達要退賽，天知道這是多麼艱難的決定！訓練大半年，人都飛到敦煌了，卻在前一刻退賽？然而，一想到若不能完賽，影響學校接連六年都拿到的全員完賽沙克爾頓獎，自己絕對不能成為歷史罪人！

愛文向來很理智、EQ很高，他望著我，似乎早有準備地說明，沙克爾頓獎的標準是A、B兩隊完賽率達到百分之九十五以上，若我參賽，屆時因身體因素在途中放棄而無法完賽，全隊完賽率仍為百分之九十五點八，還是可以達到得獎的標準。聽了這樣客觀的數據分析，我心頭那塊大石頓時減輕了一半，但仍然不放心地跑去詢問教練的意見，我深深記得，一向紀律分明、訓練時常板著臉孔對我們嚴格要求的教練，當時用非常溫和的眼神和口吻對我說：「我們一起出發，一起到達！」讓我差點當場掉淚！如果是這樣，就決定參賽到底了，同時也默默下定決心：一旦參賽，就絕對不能半途放棄，不論如何，一定要堅持到抵達終點為止！

許多年以後我才曉得，細心的愛文早就考慮到我這樣的傷兵是否會影響沙克爾頓獎的得獎問題，因此請曾經主修數學的天行者精算過完賽率，更利用一次我不在場的空檔，向B隊夥伴說明我的參賽並不會影響到團隊獲得沙克爾頓獎，讓大夥兒不至於有疑慮，而當時，隊友毫無疑問地全數表達支持我參賽。

不知道是什麼樣的精神讓隊友們對我如此寬容，似乎在賽前，「一起出發，一起到達」早已默默埋在心中，成為全隊的信念。

一旦參賽就絕不能半途棄賽，我一定要完賽！

體驗日

五月二十二日
起點：阿育王寺
終點：營地—破城子
地標：阿育王寺、鎖陽城、大墓子母闕
地貌：小雅丹、礫石戈壁、鹽鹼地、丘陵、砂石路
直線距離二十八點七九公里，有三個打卡點（Check Point，簡稱CP）
關門時間：十小時（B、C隊實際跑走三十點五五公里，耗時七小時三十分）

要上戈壁的日子終於來了！清晨四點就起床，梳洗後第一件大事就是慎重地一層層著裝。前一晚已經把所有的服裝和裝備準備好放在床頭，再三檢查確認沒有疏

漏，一早便十分謹慎地、具有儀式性地一一穿戴上它們。

層層著裝，裝備一件也不能少

運動內衣後先套一件長袖排汗衣，作用是吸汗兼防曬；再穿上團體訂製的台大EMBA戈十一挑戰隊橘T，橘色是台大的校色，十分鮮豔醒目，即便是在荒漠，大老遠一望便知這是台大的隊伍，再外罩一件輕薄、也是橘色的防風外套；接著雙腿套上既合身又緊得無比的壓縮褲，這壓縮褲是行前特別採購的日本知名品牌，據稱效果比其他品牌來得好，只是非常緊，不太好穿，拉上雙腿時還要注意對齊膝蓋和兩側的縫線，務求線條完全到位。壓縮褲外又再套上橘色腿套，服裝的整體感就出來了。

腳上是日本知名品牌的五指襪，我也特別挑了橘色，好跟衣服搭配，據跑過戈壁的學長姊經驗，穿五指襪比較不容易起水泡。至於鞋子也是特別為此行採購的越野鞋，戈壁地形多變崎嶇，堅實的鞋底很重要，鞋子必須比平常穿的至少大一號，因為在沙漠跑走一整天，雙腳會發脹；但是，鞋也不能太大，否則腳在鞋中滑動摩擦容易起水泡……。為了挑戰戈壁，我準備了兩雙不同品牌的越野鞋，版型不同，團練時分別在田徑場和不同的路面測試過，為求謹慎無誤，也都帶到敦煌測試，最後決定選擇較窄版的一雙上場；我的腳型偏窄，就怕穿了較寬楦頭和版型的鞋，腳趾和足弓處會因為不夠固定而造成摩擦。行前我們一再被叮嚀，若途中起了水泡，又把水泡磨破了將是很嚴重的事，除了長途跋涉會痛苦萬分，磨破的水泡也容易造成感染，因此每個人選鞋都不敢大意。

脖子要套上頭巾，既有圍脖的保暖效果，當沙塵大或日曬特別強烈時還可拉起來掩住口鼻，同時也可以防曬；頭巾是印有台大EMBA logo特別客製的，很有專屬感。戴上帽子，把馬尾小心束好，再架上必備的太陽眼鏡，沙漠中的烈日和風沙不可小覷，隨時都有可能颳起沙塵暴，因此太陽眼鏡對眼睛的保護極其重要；戈壁的沙極細，出發前就聽戈友學長姊叮嚀，細沙容易跑進眼中，因此不可戴隱形眼鏡，所以我們的太陽眼鏡內都加裝了一圈近視鏡片，度數較深的人，摘下眼鏡恐怕什麼也看不清楚，但為了參賽，這四天就忍一忍了。

防風外套的外面再套上主辦單位發的白色競賽背心，依規定這一件背心每天都必須穿在身上，背心前後印有每位參賽者的校名、組別和編號、姓名，以方便辨識身分。另外，每個挑戰隊員都得再穿上一件水袋背心，左右胸前各裝一管五百毫升的軟管水壺，後揹可容二公升的水袋；滿是口袋的水袋背心，每個口袋都充分利用、裝得鼓鼓的，包括路上要吃的能量棒、能量膠、BCAA、鹽錠……等各式補給品，還要帶上主辦單位規定的「戈壁之眼」定位儀，以便主辦單位隨時以衛星定位追蹤確認每位隊員在沙漠中的位置，「戈壁之眼」的配置，也讓全世界只要能上網的地方都能在賽事期間追蹤每一位參賽者的足跡和表現；此外，各校也各自準備了GPS，賽中藉著GPS確認前往目的地的位置、距離和路線，還得攜帶對講機，和教練、隊友保持聯繫。其他強制裝備還包括口哨、鏡子、防寒鋁箔……等，零零總總，缺一不可。這一身繁複的裝備穿戴下去，每個人也都重了好幾公斤！

林義傑：我就是人肉GPS

著裝完畢先下樓吃早餐，這是上大漠以前，最後一頓在文明世界的餐食。我和A隊隊員同桌，其中小傑也在座，想到此行能有機會與世界知名的超馬好手一起挑戰戈壁，真覺不可思議！出發前聽到他說：「我會和大家一起出發，一起到達」更覺得難能可貴，因為同屬一個團隊，即便是專業運動員的他，也得和其他素人夥伴一同作戰。我好奇問他的感受，沒想到他說，這次即將挑戰的路線，僅是戈壁的一小部分，景色也不算是最壯麗的。當時我們對戈壁的所知仍處在十分有限模糊的狀態，根本不知道戈壁有多大，自己所在的方位又在哪裡？接著聽到他對其他A隊的夥伴說，「不用擔心，我不必看GPS就知道路，因為我就是人肉GPS……」。

聽到這樣的話只有瞠目結舌，因為實在太神奇了，戈壁是一望無際的大漠，每日賽程僅有起終點，並沒有所謂的「路線」，沿途也沒有指標，賽前每個隊伍必須依據大會公告的座標，將沿途座標逐一輸入GPS裡；比賽開始後，按著GPS的方位，經過一個個打卡檢核點，才能抵達終點，所以要參加戈壁挑戰賽，還得會使用GPS才行。怎能不看GPS就知道路線和方向呢？我默默吃著早飯，望著眼前的超馬好手，一種不真實但心裡知道是千真萬確的複雜感受在心裏盤旋，即將踏上賽道，我的心情其實忐忑大於興奮，相較於小傑的胸有成竹，我實在沒有把握可以完賽。

揣揣不安前往征途，心事誰人知

用過早餐，全體著裝完畢，在飯店大門口拍攝行前大合照。隨著前往賽道的時間越來越接近，我也越來越緊張，拍照時只能制式地露齒而笑，而非發自內心的喜悅。

清晨六點三十分，當台大戈十一挑戰隊全員興奮地登上大巴士，大喊「戈壁，我來了！」坐在車上的我卻是心神不寧，想掉淚又怕被人看見。車外氣溫只有攝氏六度，我的緊張讓手腳越發冰冷、甚至冷到顫抖，首日「體驗日」的實際路程超過三十公里，我能完成嗎？從台北出發以前，左大腿內側內收肌的意外拉傷，原本以為只消幾天就能痊癒，卻是每況愈下，服過止痛藥仍壓不住的疼痛，讓我既擔心又害怕，也不敢向隊友傾吐，那極度的恐懼在我心中因為壓抑而深深發酵，陰冷的天氣更助長了心底的焦慮不安。

未知與興奮交織，探索「玄奘之路」

大巴士行駛了三個多小時，感覺很久很久，彷彿確定與文明世界脫離得夠遠了之後，終於抵達賽事起點，下車第一眼看見的景象：灰色的濃雲低垂、滿佈天際，眼前是一望無際的灰白色荒涼大漠，所見之處都是起起伏伏，地勢似乎沒有一處平的，乾枯無神的植物一叢叢穿插於崎嶇的乾地上，原來這就是「戈壁」啊！無言的烏雲俯視著浩浩蕩蕩的各校參賽隊伍，我內心暗揣著無處告解的恐懼不安，還沒有時間跟烏雲對話，注意力就被眼前穿著各色鮮豔隊服的各校健兒吸引住了，雖然氣溫很低，但大夥兒精神抖擻，看起來已經迫不及待想在沙漠一展身手了，大夥兒強健的雙腿在緊身壓縮褲和腿套下不斷活動著暖身，每個人看來都興致高昂，口號聲此起彼落、自拍自嗨，參賽隊伍的旗幟在冷風中張狂地飄著，似乎等不及想起跑，我暫時壓下膽怯之心，準備踏上征途……。

天際漸漸隨著參賽隊伍的熱情而露出一片片藍天，組委會以簡單的儀式宣告開賽後，長長的參賽人龍自起點——大漠中的阿育王寺出發。這座千年古蹟又名塔爾寺，最早興建於唐代，看來像是由黃土砌成的一座灰黃色、圓頂塔狀物，造型十分素樸，主塔旁還高低錯落著多座小塔狀的遺址，四周以鐵絲網圍著讓人無法靠近；這一片斷垣殘壁是我們在戈壁看到的第一座古蹟，令人興奮好奇不已。腳下踩的起伏多變地形有個雅致的名字「雅丹」，是由一位一百多年前在新疆羅布泊考察的瑞典探險家斯文・赫定命名的。「雅丹」的維吾爾語意是「有陡壁的小丘」，此處不僅有陡壁，還有形狀各異的土丘，根據《行知課堂基礎讀本》的描述，自從「雅丹」這個名詞登上科學的殿堂，地質學家就在努力明確它的定義，這種地形的普遍特徵包括：存在於降雨較少、植被稀疏、風蝕作用明顯的極乾旱地區，且經過漫長時間的雕琢；不同地區的「雅丹」地形，其地貌會隨著地質環境的差異而有所變化，令人不禁讚嘆大自然真是最神奇的雕刻師！

正式出發之際的萬頭攢動，首日數千人踩在多變的「雅丹」地形上。

參加過戈五的張義就形容行走在雅丹地形的感受：「明明隊友還在眼前的，轉眼間可能就土丘被擋住了，若不留心，極易失去方向。」

行走在這有如鬼斧神工的地形之上，時時得注意腳下變化多端的起伏地勢，同時雙眼也忙著掃瞄探索四周令人深深好奇的景致，幸好有隨隊攝影歐笠桑學長負責用鏡頭捕捉奇景，否則根本來不及欣賞這一切。放眼其他學校的隨隊攝影，有許多其實是來陪跑的，只用手機拍攝，但歐笠桑可是貨真價實的隨隊攝影師，隨身裝備比誰都重，裡頭全是攝影器材和各式長短鏡頭，B隊的男生輪流幫他扛攝影包，否則若全程揹負如此沉重的背包恐怕誰也吃不消。

從阿育王寺出發，很快地就來到西南一公里處的另一處古蹟「鎖陽城」，這是當年玄奘西行取經的起點，鎖陽城厚實的城牆經過千年風霜的洗禮依舊非常壯觀，《行知課堂基礎讀本》中寫著：「由於當地土質不好，多是鬆軟的沙土，所以為了保證城牆的堅固，在建城的過程中要先用木橇定好位，再將土夯實。」鎖陽城牆外以現代的黃白色封條阻隔人群接近，我們只能遠觀，但想到自己果然是循著玄奘的腳步，在相隔一千三百多年的時空，親身體驗這條「玄奘之路」，心中就滿溢喜悅，我也暫時忘卻了身體的不適。

隨著大批參賽隊伍出發揚起的沙塵和喧嘩聲浪，太陽出來了！整片陰霾一掃而空，藍天大方展現，參賽的心情隨之更昂揚了起來！各校A隊（競賽組）、B隊（完賽組）、和C隊（體驗組）三支隊伍今天合體一起出發，明日A、B隊將各自分頭努力，而C隊只體驗這一天，隔日就要展開附近的旅遊行程，因此今天陣容特別龐大也格外熱鬧。軍容壯盛的我們高呼台大戈十一「一起出發，一起到達」的響亮口號，也為其他學校加油打氣，隨著團隊熱鬧歡樂的氛圍，不知不覺，我的緊張心情也漸漸舒展釋放了，默默在心裡反覆唸著聖經經文：「應當一無掛慮，只要凡事藉著禱告、祈求和感謝，將你們所要的告訴神，神所賜出人意外的平安，必在基督耶穌裡保守你們的心懷意念。」（腓立比書四章六至七節）

出發沒多久，來到一處需要以攀繩方式上下的水泥斜坡，我看見前方的隊員們攀著繩索的模樣也躍躍欲試，過去曾經看過很多在此處拍攝的照片，現在實際場景就在眼前，自己又是個很喜歡冒險挑戰的人，真希望一個箭步就上前牢牢地抓住繩索，用雙腳的力量蹬上去！但考量左腿的隱隱作痛，深怕一個不小心，又造成疼痛處的再度拉傷，只好很捨不得地放棄，乖乖地走斜坡的階梯上下。

途中類似這樣的遺憾很不少，每當經過奇石或有點陡峭的地形，我都壓抑住自己心裡很想蹦跳的念頭，盡量放慢腳步踩穩，畢竟此刻的我，不是自己原先所期望的那個已經練好身體、體能加倍的運動健兒，而是處處都必須小心翼翼的傷兵；就這樣步步為營地跟著大夥兒在崎嶇的路上走著走著，自以為應該可以撐上好一段時間，不自覺自己的不適已經使得步履並不正常，一旁的他校隊員看了指著我向隊友說：「她的走路姿勢很奇怪，怕是核心（肌群）已經無法支撐了，你們應該幫她！」

「雙塔」護持，咬牙走完全程

於是就在大夥兒說說笑笑、齊步向前的途中，愛文和員外這兩位壯漢學長，突然一左一右把我架起來，當時我覺得自己還行，不需依賴旁人，但這宛如「雙塔」般堅實的兩位學長仍堅持緊緊架著我的雙臂，我也只好恭敬不如從命，靠著他倆強壯的臂彎，展開從此被牢牢架著走的戈壁之旅。

愛文和員外分別曾為戈十、戈七A隊隊員，是實力堅強的跑者，這次參與戈十一B隊是擔任「專業B隊隊員」——簡稱「專B」的角色。所謂的「專B」，就是有挑戰戈壁經驗的戈友，藉再次參賽而以自身經驗來服務、照護隊友，注定是很辛苦的，他倆大概也沒想到第一天就有任務，扶持我這弱腳吧。說實話，被架著走，在如此長途跋涉的辛苦路途中，是件太幸福的事，「雙塔」粗壯的膀臂和力量，讓我有所倚靠，疼痛的左腿不需完全使力而得以釋放，靠著右腿和兩旁的外力支撐，我的步伐頓時輕快許多；然而，兩位學長卻是吃盡了苦頭。戈壁地形高低不平，有長滿尖硬駱駝刺的鹽鹼地、還有布滿礫石的黑戈壁，路況極為艱難，有時路窄到只容一人，而學長總是把最好走的地方讓我走，他們兩人不是走在起伏不平的硬石上，就是得踩過一叢叢尖利的駱駝刺，駱駝刺是種長滿尖刺的戈壁野生植物，它的刺之鋒利、堅硬，甚至可以刺穿鞋底，學長為了讓我能走穩走好，經常自己踩踏在險徑上，一天下來，他們的腿套都沾滿了駱駝刺，小腿更是多處被刮傷！

戈壁奇景，恐龍現身賽道

就這樣徒步七個多小時，在距離終點大約一公里之前，我們停了下來，準備展開行前籌備多時的大計畫——讓恐龍在戈壁現身！

B隊每天在抵達終點時，需要準備一項表演，加深主辦單位和其他學校對於台大的印象。這項表演並不包括在參賽規定中，而是台大連續參賽六年後的心得；台大連年都獲得團隊「風範獎」，除了歷年整齊的兩人一列縱隊和一致的步伐，團隊精神讓人印象深刻之外，B隊在終點線前的表現，更突顯了團隊的創意、活力與合作精神。

B、C隊全員依計畫換穿從台北辛苦揹過來的恐龍裝，這是當時在韓國十分流行的充氣裝扮，台灣還很少見，因此我們很有把握，當在大漠變身為恐龍時會有多麼吸睛。但要把恐龍裝順利揹在身上，可說是煞費苦心，因為顧及到每個人身上的裝備已經不輕，恐龍裝雖然不到一公斤重，但該如何把它外掛在身上，還能保持身上負重的平衡、不妨礙長途跋涉，裝備組的夥伴最後是在外包裝仔細打兩個小洞再穿繩，將它外掛在水袋背心上，更在賽前經過測試，確定恐龍裝不會影響行進，才完全定案。

小心翼翼地從包裝中取出我們的秘密武器——恐龍裝，得先把它吹飽空氣，恐龍才能成形；我們各自挺著疲憊的身軀用嘴巴拼命吹氣，幾分鐘後，一隻隻飽滿的綠色恐龍直立在沙漠上，看起來十分可愛又超現實，再彼此互相幫忙穿上恐龍裝，對於自己這樣的造型非常得意，全身的疲勞頓時拋在腦後，台大B、C隊肯定是整個戈壁灘上最受矚目的超時空怪物！

變裝完畢，隊伍排列整齊，我們開始齊聲高唱著自己改編的歌：

「我有一隻小恐龍，我從來也不騎，
有一天我心血來潮騎著去戈壁，
我手裡拿著小皮鞭，我心裡真得意，
不知怎麼嘩啦啦啦啦，我跑進你心裡⋯⋯」

搶眼的綠色充氣大恐龍，讓台大成為當年戈壁上最吸睛的隊伍，早就抵達終點線的A隊夥伴興奮地為我們擊鼓伴奏，B、C隊全員停駐在終點線前，認真唱跳了一番，造成大轟動！

從緊張不安、興奮，到走完全程將近三十一公里，以及最後在終點線的賣力演出，首日「體驗日」，每個人的心情都像洗了場三溫暖！當晚上睡進帳棚，心中那股興奮、新鮮、期待、忐忑⋯⋯的複雜情緒仍無法平復，再加上帳棚絲毫沒有隔音效果，隔壁帳和帳外的動靜都聽得一清二楚，讓人輾轉多時難以入眠，同時，我的左腿拉傷處仍隱隱作痛著……。

夜裡的戈壁氣溫只有一兩度，我忘記抬頭看傳說中的滿天星，只想著未來三天還有近一百公里的路程，不論如何，一定要完賽！夜越來越深，鄰帳的夥伴已經傳來陣陣鼾聲，我也在繁雜的思緒和自己的心跳聲中沉沉睡去……。

競賽日第一天

五月二十三日

起點：營地—破城子

終點：營地—崑崙障

地標：葫蘆河、截山廟、崑崙障、雙墩子、六工城

地貌：礫石戈壁、鹽鹼地、駱駝刺地帶、丘陵、砂石路

直線距離：三十二點二公里，有三個打卡點（Check Point，簡稱CP）

關門時間[1]：A隊男子組八小時三十分，女子組九小時

沙克爾頓獎[2]A、B組關門時間：十二小時

台大A隊當日競賽成績三小時三十三點五六秒，排名第十二

台大B隊當日實際徒步三十四點八七公里，總共耗時八小時三十九分完賽

「曾經多少次跌倒在路上
曾經多少次折斷過翅膀
如今我已不再感到彷徨
我想超越這平凡的生活

我想要怒放的生命
就像飛翔在遼闊天空
就像穿行在無邊的曠野
擁有掙脫一切的力量……

我想要怒放的生命
就像矗立在彩虹之巔
就像穿行在璀璨的星河
擁有超越平凡的力量！」

——《怒放的生命》汪峰[3]

A隊九名隊員於賽前嚴陣以待。

競賽首日，各校強棒出擊

清晨六點準時，大漠的起床號響起，伴隨著戈壁挑戰賽主題曲「怒放的生命」歌聲，揭開挑戰賽第一個競賽日的序幕，多數選手在起床號之前就已經起身整裝，不同於前一天氣氛輕鬆的體驗日，今天大夥兒都懷著審慎且蓄勢待發、準備好好衝一波的心情，尤其A隊競賽組，今日的每一步都攸關著成績。

競賽組的成績計算方式很特別，由於定義為「團隊競賽」，所以並非以跑得最快的人來計算成績，而是以每隊第六名的成績競爭；此外，女生有減時三十五分鐘[4]的優勢，這樣的競賽規則使得各校A隊必須以策略取勝，在選手不同的速度和性別的考量中拿捏，思考如何安排隊員彼此為伴、提速，好讓隊伍中的第六名拿到最佳成績。

一早太陽就出來了，陽光照在起跑區兩千多名等待起跑的選手身上，陣容看來十分壯觀；雖然陽光普照，清晨氣溫仍是低的，體感冰涼冰涼，追求速度的A隊隊員已經脫了外套，只穿著排汗衫和短褲，露出他們精實的肌肉，外罩大會規定的背心，輕裝上陣。

起跑順序依序是各校A隊、再B隊，我們和A隊夥伴互相擁抱，感受他們身上背負競賽的重任，崇拜疼惜有加，預祝都能發揮實力旗開得勝！A隊隊員都是精瘦結實，彷彿菁英跑者般的好身材，其中台大A隊因為有林義傑這一號世界級的超馬好手，特別引人注目。起跑線上懸掛的紅色布條醒目地寫著：「你的能量超乎你的想像」，讓人看了一身的熱血先沸騰起來！B隊的我們在起跑線的兩側等候，為準備起跑的A隊拍照、不斷為他們加油，感覺A咖的英姿怎麼看也看不膩、怎麼拍也拍不完，我興致一來使用手機直播起跑實況，感覺自己像是重回採訪線上的記者一樣興奮，彷彿正在做電視台的SNG連線報導。

由於青蜂俠在賽前因傷退出，台大A隊比其他隊伍少了一人，只有九位選手，其中三人是女生；他們依速度分為三組人馬，最快的A1由小傑和全馬成績三小時的海膽、跑起來飛快的籃球高手OJ、認真練跑速度突飛猛進的寶馬四個男生為一組跑在一起；A2由女一追風擔任前導的「兔子」角色，最後的A3則是兩個男生雄大和王牌分別帶著兩個女生月玲瓏、迎風為一組，三組人馬將依先前規劃的策略，各自努力在賽道奔馳，以求取最後的第六名能以最好的成績於各校中勝出。

隨著裁判鳴槍，各校A隊飛也似地向前衝出去，很快就縮為遠方無邊大漠中渺小的點點人影。接著輪到B隊出發，令我們高興的是，起跑順序是由上一屆獲得風範團隊獎[5]第一名的隊伍排在第一排，領隊出發，而台大就是那第一個出發的隊伍。

既然是排在第一排、第一個出發的學校，站在起跑線上的我心裡就打定主意，不論腿有多痛，我一定要用跑的衝出去，就算是只跑一百公尺也好，現場有許多相機對著我們，怎能漏氣呢？當裁判鳴槍，我們興奮得立刻衝了出去，大約跑了一百多公尺吧，覺得離鏡頭已經遠了，我們很有默契地收起各自的步伐，除了我是由兩位學長架著之外，其餘兩兩成雙排成整齊的隊伍開始步行，邁向三十二公里後的終點。

那僅有一百多公尺的跑步是如此珍貴，我心想，這該不會是此行唯一的跑步里程吧；對於不能在大漠奔跑，我心底一直埋著歉疚，還記得出發以前，一直認真練跑的華仔做了仔細的配速表，把每一天的每一個路段應該怎麼跑、跑多快仔細研究之後，分別配速，並計算每一天將用時多少完賽。我想起他帶著興奮的口吻，跟大家分享這份寫滿了數字的配速表，如何在兼顧體能與速度的情況下，即使每個人速度不同，也能在戈壁真正跑過，最終也能顧及「一起到達」的目標。

華仔和可汗、愛俐落三個男生賽前練跑的表現一直非常穩定、也持續的進步，在賽前選拔A隊成員時，他們差一點就可以上榜。而架著我走的員外和愛文過去分別是戈七、戈十A隊隊員，千里迢迢來到大漠，一定很想在此奔跑、挑戰自己的能耐，如果我沒有受傷的話，那大家是不是就可以在這遼闊的大地盡情奔跑呢？

然而，沒有夥伴對此表達過任何不滿，大夥兒興致高昂，沿途說說笑笑；今天的氣溫比昨日高一些，戈壁灘上毫無遮蔽，大太陽就在頭頂上高高照著，使我們微微發熱出汗，但相較於往年的氣溫，今年可謂奇蹟，記得去年高溫曾達四十八度，體感溫度更達五十度以上，今天的最高溫卻還不到三十度，誰也想不到戈壁沙漠居然熱不過台北，這樣的氣溫讓我們的心跳不至於一下子攀高，耐力也能更持久，真是感謝上帝！一路上，副隊長愛俐落善盡職責，每十五分鐘提醒我們補水，每隔一段時間補充電解質或鹽錠，何時吃補給也依他的口令行事。我們每個人身上都揹著至少一點五公升的水、兩三公斤的補給，還有大會發的「路餐」——黃瓜、番茄、人蔘果、豆乾、牛肉乾、麵包或窩窩頭，絕不至餓著，波波還帶了好多零食，無子話梅、喉糖、青木瓜乾……，邊走邊吃邊唱歌說笑，感覺彷彿小時候遠足一般快樂！

大漠野外解放，終生難忘

走著走著，在一片平坦、一望無際的礫石戈壁，女生開始想要解放，卻苦無遮蔽物，男生於是站住排成弧形，讓女生能躲在身後蹲著小解，然而，正當我們幾個褲子都脫了，正在解放之際，遠遠聽見其他隊伍喊著：「那是台大的！瞧他們隊形排得多特別，我們拍張照吧！」哇，這可如何是好，蹲著的我們正解放到一半，褲子都還沒穿，尤其，身上穿的是既緊繃又密合貼身的壓縮褲，要立即穿上可不容易，眾女生手忙腳亂的穿褲、整裝，心裡本來還想自己是背對著鏡頭應該沒關係，但馬上想到印著姓名的號碼布就是別在背後，這下可慘了，蹲著小解的是誰，號碼布上寫得一清二楚！哈哈！此事後來成為大夥津津樂道的笑談，驚險緊張又好氣好笑的女生野外解放記，肯定終生忘不了！

跑者天敵駱駝刺，提心吊膽步步為營

踏過大片礫石沙漠後，傳說中的駱駝刺來了！駱駝刺常生長在高低不平的鹽鹼地上，有的相當矮小、滿布於路面，有的可長到約莫膝蓋處，甚至高過於成人的身高，一不小心就會踩到或刮到衣服和褲子、腿套，一旦沾上了它，會立刻感到它的尖刺銳利的程度。駱駝刺是駱駝的食物，初生時是嫩綠色的，但變黃、枯硬後就成了尖刺，戈十A隊隊長神達曾經不小心踩到了駱駝刺，一時拔不下來，為了不影響跑速，他乾脆整個踩下去，當時駱駝刺竟然刺穿了他的越野鞋底，進而刺破他的腳底，鮮血直流，他為了競賽保持高速奔跑，直到抵達營地才把刺拔出來……。這段經歷叫人聞之色變，所以我們一路小心翼翼，深怕踩到這可怕的植物，但架著我雙臂、有如「雙塔」般堅實的兩位學長，為了把中間較平坦的路讓我走，他倆一左一右踩在高低不平的鹽鹼路面，令我一路上都不斷捏冷汗，深怕他們被駱駝刺刺傷。

崎嶇不平是鹽鹼地的一大特點，顧名思義它的鹽分含量高，PH值大於九，難以生長植物，而且地質是既硬又軟，走在其上要特別小心，因為水份蒸發殆盡，部分路段土質變得鬆軟，一碰即塌；有的地方明明看起來是個小土堆，一踩卻馬上陷下去，容易扭傷腳踝。

長滿矮叢駱駝刺的鹽鹼地路段結束後，開始進入約有一個人高的駱駝刺樹叢，這時除了注意腳步，還得防範袖子、手套和身上被刺到，一個不注意可能就會傷痕累累，因此得走得專注、步步為營，原先一路唱著的歌聲、口號也暫停了片刻，想到A隊夥伴在如此困難的環境中仍然要快跑競賽，心頭不禁感到非常不捨、也感到驕傲，畢竟A隊要面對的挑戰與B隊截然不同。

止痛藥當補給，壓抑疼痛，堅持下去

一路上，我的疼痛沒有離開過片刻，出發前依隊醫囑咐先服用了長效型止痛藥，途中若感到疼痛再補充短效型止痛藥，隊醫雖然也準備了類固醇，但不主張我一開始就吃那麼重的藥，而應循序漸進，若疼痛仍然止不住，再考慮服用或施打類固醇。今天的公里數比昨日要長一些，止痛藥讓我安心，但也擔心藥效好像不再像一開始那麼持久，難道是因為藥吃太多而身體已經有了抗藥性？

對付完駱駝刺，展開在眼前的是上下起伏的丘陵地，有些丘陵由一塊塊大石疊成，看來十分乾涸而性格，地貌和前面走過的遼闊礫石沙漠、鹽鹼地大不相同，我很想拍些照片，但雙臂被架著，只能用眼睛用力地欣賞四周景色。此處的丘陵地貌與山景十分相似，我喜歡山，登高望遠，專心地攀爬，能讓人放空、心情放鬆，此刻跟著隊友一起深入如山一般的一座座丘陵中，心情又不相同，我們是一路相隨的夥伴，小心路面的同時也關心著彼此的身體狀態，隨時提醒應該注意的事項，避免受傷，是否該喝水吃點東西或尿尿了？不但彼此體貼、互助、也不時想點子逗樂對方，友誼在這看似不毛之地更深地茁壯了；我們為著相同的目標，一起練習了大半年，然後一起千里迢迢地飛來這大漠，展開令人嚮往的四天挑戰之路，我們擁有共同的堅定信念：「一起出發，一起到達」。這八個字已不僅僅是口號，而是整個團隊的核心精神，帶著傷的我，必須勉力和隊友「一起出發，一起到達」，才能讓整個團隊「一起出發，一起到達」！

黃瓜妖怪造型，終點線前唱跳妖怪操

走出高低起伏的丘陵地，迎接我們的是平坦的路面，遠遠也可以望見今晚落腳的營地了，回頭一望，看見已翻越了好幾座冷峻的丘陵，不敢相信自己竟能如此順利地徒步健行至此，「一步一腳印，台大最帶勁，一步又一步，征服玄奘路！」我們喊著這口號，感動能踩在千年以前玄奘走過的路徑，接近終點線時，我已經感到疲憊，左腿的疼痛不適更讓我想要快快休息，但昨日的恐龍裝扮太轟動，今天在終點線前必須還是得有令人眼睛一亮的表演項目，一路上不斷動腦筋苦思，最後靈機一動，決定以現成的幾樣物件打扮自己：戴上頭燈、再插上兩根在補給站拿的小黃瓜，眾人頓時變身為頭上有兩根尖角的妖怪，在終點線前大跳妖怪操！我拿著大聲公站在第一排，唱著自己作詞的妖怪歌：

「戈壁戈壁戈壁戈壁戈壁戈壁等我來，
戈壁戈壁戈壁戈壁戈壁等我來，
一起到達一起出發，我們大家心連心，
台大EMBA戈十一挑戰隊真的很厲害，
台大EMBA戈十一挑戰隊真的很厲害！

每天跑步，還要重量訓練，
核心肌群、跑沙灘，我們真愛跑，
每天早起揉揉眼，昨晚又夢到簡教練，
哇哈哈哈！

戈十一挑戰隊
我們天天練，天天練！
叫我第一名！
戈壁我來了！」

果然，這就地取材的造型與歌舞又贏得滿堂彩！早已回到營地的A隊夥伴和不少攝影機早早等在終點線前，期待我們的演出，OJ更在終點前的大鼓即興掄起鼓錘擊鼓為我們伴奏，而我們別出心裁的造型也不負眾望，又為台大贏得好評！

每天傍晚完賽，A隊夥伴立刻上前給B隊每人一個大大的擁抱，讓全身的疲憊立刻得到安慰，已經迫不及待想喝晚餐的羊肉湯。羊肉是每晚回到營地的主要菜色，也是此地一大特色，苦行八個多小時的身軀此刻很需要蛋白質的撫慰。回到營地，再吃一顆長效型止痛藥，其實我不累，只是痛。今晚又忘記看星星，鑽進睡袋，卻是怎麼也睡不著，夜裡氣溫驟降，還颳起大風，也突然下起雨，薄薄的帳棚

B隊表演末了，抽起頭上的黃瓜大嚼，令人忍俊不禁。

被風雨吹得呼呼作響，在睡袋裡冷得手腳凍僵，擔心會不會下一秒鐘帳棚就被狂風吹走了？就這樣，冷得幾乎徹夜未闔眼，明天又是一場硬仗，直線距離近35K，將是這幾天中最長的公里數、外加傳聞中最困難的地形，我能完成嗎？迷濛中，我向自己下定決心，不論如何一定要完賽！

1 關門時間即有效完成時間，為到達每天終點的時間減去出發時間所得的差值，這個時間影響團隊成績。

2 沙克爾頓獎評關門時間為到達每天終點的時間減去出發時間所得的差值，針對A、B組均有效。

3 出自專輯《怒放的生命》同名歌曲，由汪峰作詞作曲。

4 有關「減時」，根據戈十一賽事章程，競賽組女隊員於關門時間內完成賽事，該女隊員當日有效參賽成績獲得相對應的減時，進入該團隊競賽組當日成績排名，排名後再取第六名成績。競賽組女隊員在競賽日第一天、第二天可以減時三十五分鐘，第三天減時十五分鐘。

另外，年齡較高也可減時，基準為四十周歲（按二〇一六年核算），取競賽日A組每日前六名有效參賽隊員的平均年齡（按四捨五入計算），比基準年齡大一歲的團隊當日成績減時一分鐘，比基準年齡每小一歲團隊當日成績增加一分鐘。

5 風範團隊獎的評選方式是由組委會代表、志願組代表、後勤組代表、媒體組代表、裁判組代表、醫療組代表、合作夥伴組代表、各校參與領隊無記名各投一票，獲得票數最多的三個院校將獲得賽事風範團隊獎。賽事違規一票否決權：根據院校違規判罰情況，賽事裁判組對風範團隊獎擁有一票否決權。如排名靠前的院校被一票否決，排名靠後的院校自動遞補。

誰是那關鍵的第六名

競賽日第一天結束的晚上，人稱「教頭」的簡教練與A隊九名成員在公帳召開策略會議。大夥兒雖感到有些疲憊，但心情是振奮的，因為今天的團隊成績名列第十二，與前兩名僅有少許幾分鐘差距。賽前，A隊為自己訂下的目標是三日總成績能名列前十；台大自戈五參賽以來，除了戈五當年的團隊總成績曾名列第三，其中的隊員「巴特力」，也就是運動筆記創辦人之一的姚焱堯還曾獲得單日個人成績第一名，是歷年來最耀眼的，後續幾年因為戰況越來越激烈，台大雖然持續在台灣院校中成績最佳，但因為平均參賽年齡近五十歲相對較高，訓練時間又遠不如大陸院校，成績和大陸各校比起來差上一大截，自然名次也不可能在前十之列。

第一天競賽日的表現，讓A隊成員認為提升三日總成績和名次很有希望，因此士氣高昂，美中不足的，是跑得最快的A1四個男生中的OJ，在路況困難、高低不平的鹽鹼地跳著跑時，不慎扭傷了腳踝。

戰前沙盤推演，隔日前六名策略布局

簡教練在策略會議中以嚴肅的口吻先逐一詢問每個隊員今天的狀況如何，各自出幾分力跑，再問每一個人：「明天還能不能跑？能跑幾分速？」並且要求誠實回答。圍坐著的隊員看著教頭的模樣，也一一正色答覆，最後教練調兵遣將，決定隔日拉王牌到A1，和另外三個A1男生海膽、小傑和寶馬一起跑，OJ則和跑得最快的女生追風一起，而另一個男生雄大則負責帶迎風和月玲瓏兩個女生。由於每日各校的團隊總成績是以隊伍中的第六名成績來計算，教練希望明日的前六名陣容是四男二女。

迎風聽著每個夥伴回報當日和隔日配速，以及教練對於第二天的策略安排，心裡隱隱約約地感到緊張了起來，看來今天大夥兒都不是用百分之百的力，而是保留體力，準備隔日公里數最長、路況也最難的一仗。想到大夥兒向教練報告隔日要跑的速度，打心底覺得夥伴們實在很厲害，再想到教練說的「四男二女進前六名」的布局，心裡更是戰戰兢兢。

會議末了，教練的神色放鬆了些，勉勵大家第一天都懂得省力、表現不錯，晚上都早點休息吧，明天繼續加油！

帶著隱藏在心裡的問號和壓力，迎風默默隨著同帳的追風回到帳棚準備就寢。睡前，她忍不住問：「答應教練的配速，真的辦得到嗎？」

追風看著她的眼睛，很肯定地說：「對自己承諾，就會辦得到。」

「可是這是好大的承諾！」

「這是團隊作戰，應該咬著牙完成。」追風加強了語氣，「妳絕對不能主動放棄！」。

並肩作戰、相信隊友、相信團隊

躺在睡袋中的迎風，緊張感放不下來，仍舊忐忑難安。夜裡氣溫很低，即使躺在羽絨睡袋中，上頭還披了件厚外套，還是想打哆嗦；經過一天的奮戰，身體還帶著些許痠痛，吞了安眠藥想催促自己早點入眠，以免睡眠不足導致明天的體力不夠，腦袋卻再清醒也不過了。回想今日在大漠苦苦奔跑的情景，身邊陪跑的王牌非常體貼，隨時注意她的呼吸、調息，不時提醒吃補給、喝水，並幫忙配速；路途中，她望著跑在前方、扮演提速的「兔子」追風，心裡有些動搖，覺得跟不上，細心的王牌似乎察覺她的思慮，馬上對她說鼓勵的話，幫助她轉換心情，讓她很感動，覺得兩人之間有種渾然天成的默契，促使她控制自己心裡只能有一個念頭：一定要跟上！腳下的路面因為地形變化時時刻刻得提醒自己小心、不能受傷，以致於注意力全在地面上，對於周遭的大漠風光完全無感，最後自己到底是怎麼和追風、王牌一起跑過那段路的？

「妳今天表現了最好的自己！」躺在她身旁睡袋裡的追風，彷彿心有靈犀似的，此時轉過頭來說了這句話。

「妳今天在六工城拼命衝，我在妳右邊、王牌跑在妳左邊，我們一路拼命跑到最後，我們要進前六名！」

「妳上戰場、跑出了前所未有的速度，妳在戈壁破了PB！」追風繼續望著她說著。

「跑步從來不是我擅長的事……」迎風低聲囁嚅著。

「我們三個人當時好像化為一體，一起出發，一起到達！」追風繼續說著，

「戈十一，一生只有一次！我們現在真正站上戈壁為學校爭光，妳只有一件事情，就是表現最好的自己！」

聽著跑得總是像風一樣快的追風對自己這麼說，迎風的腦海又浮起今天在崎嶇的賽道上三人並肩同跑的時刻，也回想賽前第一次到戈壁探勘時，因為總是腳痛，對於自己能否入選A隊實在沒有把握，當時也是在身邊陪跑的學長不斷打氣：「妳跑得很好，不要想太多，跑就對了！」

這些正向的鼓勵也激起了她拿出自己在工作上總是對準目標的精神，最後入選A隊。競賽日第一天自己是付出全力、拼命地跑，女生最後獲得減時三十五分鐘後，她和追風的成績在團隊中名列前茅，變成比A1的幾個男生還快，而第一天的成績就進入前六名，更遠超乎她對自己的預期……。

「我很高興妳信任我。」追風說，「我要幫妳配速，但是又不能拉爆妳，看到妳用盡力氣、用五分速衝，最後達到好成績，我真的很高興當時妳信任我，讓我帶著妳跑！」

的確，追風的速度要比自己快得多，她在賽道上最後一心只有「跟上」的念頭，沒有想到「你的能量超乎你的想像」這句在戈壁常見的標語是千真萬確，她的確因為相信隊友、相信自己，而成就了最好的自己。

安眠藥的藥效慢慢發作了，迷迷糊糊地，兩個同帳的女生都進入了夢鄉，而帳外其他每一頂私帳的語聲也沉入越來越黑的夜色中，取而代之的是熟睡的鼾聲了。

（上）追風在前扮演提速的兔子。（下）王牌帶著迎風緊跟在追風後方，力拚前六名。

堅持

一種挑戰，一份執著，一個承諾

競賽日第二天

五月二十四日

起點：營地—崑崙障

終點：營地—風車陣

地標：漢代長城烽燧雷墩子、疏勒河、風車陣

地貌：鹽鹼地、礫石戈壁、柏油路、耕地

直線距離三十四點一三公里，有三個打卡點（Check Point，簡稱CP）

關門時間：A隊男子組八小時三十分，女子組九小時

沙克爾頓獎（A、B組）關門時間：十二小時

台大A隊當日競賽成績為四小時十五分四十七秒，排名第十二

台大B隊當日實際行走三十六點九二公里，耗時十小時五十分

凌晨四點不到，王牌就被隔壁帳棚兩個女生窸窸窣窣的談話聲吵醒了，是早起的追風和迎風，天未亮的大漠萬分寂靜，薄薄的帳棚隔音效果是零，隨著自己越來越清醒，兩個女生的交談聽得很清楚，她們在彼此提醒該吃什麼、穿什麼、帶什麼，還提到得趕快去上廁所、怕排隊。

王牌的帳友是小傑，這時也被吵醒了，他們倆是同班同學，年齡相近，本來就是談得來、又常一起運動的好哥兒們，這次要不是自己盡全力揪小傑參加戈十一，團隊就沒有這位大將。但想到今天教練的策略安排是要他跟小傑等三個最快的男生一起跑，卻是他賽前未曾預想到的。

戈壁挑戰賽是一場團體賽，每一位挑戰隊隊員速度有別，被教練安排不同的角色，每一個角色都非常重要，而教練對他和雄大的定位就是陪女生跑。競賽日第一天他把陪跑的角色扮演得相當盡職順利，在跑得快的女一追風，和在後方的迎風之間，努力把三人的速度控制在一起。途中一邊適時提醒追風不能太快，以免拉爆了大家，一邊不停鼓勵苦苦緊追的迎風要對自己有信心，在迎風身邊為她配速，最終把她送進前六名。沒想到OJ昨天意外的受傷，讓教練改變第二天的布局，他知道自己的體力還有餘裕可以衝快，但是今天的公里數最長，只有盡力跑了。

小傑在帳裡煮了香噴噴的兩人份咖啡，在這樣的不毛之地還有好咖啡可以喝，不禁佩服小傑的確是身經百戰的越野專家，香濃的咖啡讓荒涼的沙漠頓時成為天堂。小傑也是好哥兒們，當競賽日第一天大夥兒都返回營地時，在公帳排著隊請隨隊醫師傑士伯處理水泡，只有他隨著小傑回到兩人的私帳，由身經百戰的小傑為他處裡水泡；小傑的經驗豐富，戳水泡、再用人工皮貼住防止感染的動作精準迅速，如同他在大漠中不需GPS，憑著過去征戰萬里、在世界各處極地的經驗和敏銳直覺，邊跑邊切出最有效率的路線，想必今日跟著小傑的車尾燈跑時，定能親眼見識越野專家辨識方向的功力。

團隊合作，大漠展現風範

天色漸漸亮起，其他帳棚的隊友也都陸續醒了，大夥兒忙著著裝，並趕緊把睡袋、睡墊、充氣枕頭，和所有的行李塞進馱袋裡，將沉甸甸的馱袋扛到帳外，男生們再一起協力把每個帳棚和支架拆了收進收納袋，繁瑣的程序讓人不禁覺得，因為沒有清潔用水而省下了刷牙洗臉時間也不錯；在戈壁每天移地紮營露宿，所有必需物品都是自行從台灣準備帶來，每天A隊成員跑回終點以後，先收操放鬆按摩、處理水泡或任何傷勢，接著就把所有帳棚先搭好，並且把每一頂帳棚主人的沉重馱袋放到帳棚前，讓晚歸的B隊夥伴回到營地時省事不少。台大參賽這些年來，連隨隊院校領導的教授，和隨隊教練、隊醫、物理治療師、攝影師，都會一起幫忙搭帳棚，A隊隊員還會幫B隊夥伴們先把晚餐的飯菜打好，以免B隊太晚回到營地，只剩羊肉湯、吃不到羊肉了。然而，並不是每一所參賽院校都有這樣同心合作、彼此互助的精神，也許這也是台大連年獲得「團隊風範獎」第一名的原因之一。

清晨氣溫很低，層層的白雲下透露些許藍天，天氣應該會很好，稍後一定會出太陽，大夥兒身上仍穿著厚外套保暖，待出發前才會脫下來以免著涼感冒。追風出發前在台灣就感冒了，這幾天一直小心翼翼保養著；雖然身體有些虛弱，但身為全隊跑得最快的女生，她深刻認知自己每天肩負著帶領隊友跑得更快的角色，一點也不敢大意，決心ㄍㄧㄥ到最後一刻。

出發以前最重要的是把該帶的水和補給裝好裝滿，每個人身上穿的水袋背心，胸前有兩管五百毫升的水或運動飲料，背上揹著的水袋裡有至少一點五公升的水，大會工作人員會對每人發放當天在路上吃的「路餐」，內容有在台灣少見的人蔘果、真空包裝的豆乾、肉乾和榨菜等，用米色的小布袋裝著、綁在身上，再加上水袋背心中的每一個口袋都裝滿了能量膠、蛋白棒和穀物棒、鹽錠、BCAA等補給，身上至少多了三公升的重量。

上賽道以前的暖身、彼此擁抱打氣也不可少，在此同時，B隊幾位「裝備組」的壯漢忙著把所有馱袋集中上車，拔營工作在出發前都完成了，也到了A隊夥伴站上起跑線的時刻。

Ａ1四男由小傑帶著寶馬、海膽與王牌開始衝鋒陷陣，Ａ2的女生追風和男生OJ同跑，Ａ3雄大負責帶兩個女生迎風、月玲瓏，各自依賽前的規劃，一步又一步，希望前六名能在四小時內完成今日的三十四點一三公里。

Ａ隊出發後，隨隊的校院領導、教練、領隊和攝影師、醫師、物理治療師等人員，依組委會的安排坐上小巴，前往CP2等待。

競賽日最艱苦路段，唯有「堅持」

今天的路段，組委會用「堅持」兩個字詮釋。

賽段地標包括了雷墩子、疏勒河和風車陣。組委會形容，「雷墩子以遍佈駱駝刺的鬆土鹽鹼地和半人高的植被登上戈友必跑賽段榜單；在攝影師眼裡，這裡不時出現的幾顆紅柳，是取景的絕佳地點。然而在老戈友眼中，這裡也是受傷拐腳的危險地帶。」

通過雷墩子就可以抵達補給站，從補給站出來首先需要跨過疏勒河。沿著自東向西逆流的疏勒河繼續向前奔，途徑大片連綿起伏的鹽鹼地，抵達圍欄口，隨後就是著名的風車陣，以及近十公里的礫石黑戈壁。巨大的白色風車代表著文明，然而當終於跑到了風車陣，卻會讓跑者陷入似乎永遠也跑不出風車陣範圍的漫長與迷離之中，唯有穩住心志、堅持再堅持，方能抵達終點。

起跑後一個多小時，守候在CP2的教練等人，看見一個穿著台大橘衣、骨瘦如柴的身影，第一個抵達CP2的是寶馬，隨後是神情輕鬆愉快、彷彿只是輕鬆跑的小傑，接著是精力旺盛的海膽，很快地王牌也進站。

約莫十分鐘後，Ａ２的追風、OJ也進站了，追風與OJ當天跑的路線和Ａ１四個男生不同，Ａ１由小傑帶路，跑在途徑較短但較難跑的山路，追風與OJ選擇平路跑。最後一組人馬的雄大和迎風、月玲瓏也順利抵達CP2，直到這個階段，九個隊員都依前一天的規劃進行。

掉速、等待，A1狀況多

雖然今天的賽程最長、也被公認最難，但九個人信心十足，懷抱高度的求勝意志，心底那股想贏的欲望非常濃烈，只要今天能跑得更快一點，名次就有可能提升，距離前十名的目標就更近一些。他們都沒有想到，過了CP2後，就各自遇見最驚險的過程。

A2的OJ與追風越過地塹。

首先是Ａ１中的王牌開始掉速，漸漸遠落在後方，終至看不見人影，小傑和海膽見不對勁頻頻回頭，決定往回跑，得把王牌拉回來才能維持四人一起進終點的目標，於是他倆和跑得很穩的寶馬分開，回頭找人。

落後的王牌感到力不能勝，追不上小傑、海膽和寶馬時，內心感到陣陣懊悔。回想賽前得知教練的策略要他和雄大陪女生跑，自己就改變了訓練方式，現在想起來真是錯誤，應該準備得更充分才是，誰知道賽程中又被調回跟Ａ１一起跑呢？如果當初不改變訓練方式，維持高強度練習，今天是不是就能跟上呢？此刻，他深知自己的節奏與Ａ１有所落差，強烈懷疑能否達成進前六名的目標。

就在內心小劇場的戲一直不斷上演之際，竟然看到小傑和海膽回頭來找他，感動之餘，他奮力加快了些腳步，但沒有多久就知道大勢已去，確定自己無法完成被賦予進前六名的任務。雖然心裡仍有點不服輸，但當機立斷要求小傑和海膽放棄他，繼續往前和寶馬會合。

再度望著同伴遠去的背影，王牌相信自己做了正確的決定，絕不能拖累團隊。但也因為如此，剩餘的賽程他只有獨自一人完成；默默吞下苦果，每跑一步就告訴自己絕不能忘記戈壁教他的這一課，此刻只有繼續專注在賽道，讓大漠聆聽內心的聲音。

小傑和海贍是全隊最有經驗也最快的跑者，兩人的體能對於這場賽事很有餘裕，但深知同隊夥伴只受過大半年的跑步訓練，挑戰戈壁的壓力相對很大，因此此行的任務就是完全放下自我、盡全力協助隊友達成團隊目標。拉不回王牌，只好以最快的速度再回頭去追寶馬，對於這樣的狀況感到始料未及，但也只能繼續快跑，希望能彌補些來回折返耗費掉的時間；但是，沒想到卻一直沒看到應該是一馬當先的寶馬身影，直到約莫二十分鐘後，才看到寶馬自後方跑來，三人才終於會合。

這一番折騰，讓三人各自懷著重重心思和壓力。小傑和海贍因為錯估了王牌和寶馬之間的差距而暗暗自責，寶馬則因為後段跑得不理想，讓隊友等待而帶著愧疚難解的情緒，然而這一切就如同人生中發生的任何事都無法預料也無法從頭再來過一樣，賽道上的所有起伏曲折只有用雙腿努力踏平征服，無論多苦，都不能讓自己被擊垮。

三人雖各懷著不同心緒，雙腿不敢有任何懈怠，竭力狂奔到接近終點五百公尺，寶馬已是筋疲力竭、臉色難看，他緊皺著眉，大口喘著氣，眼睛直直盯著前方的終點線，幾乎要噴出火來，雙腿幾乎不是自己的，只知一步又一步跨著大步，身旁的小傑和海膽一左一右舉起他的手，三人一起衝破終點的紅布條，頓時，寶馬的情緒崩潰了！因為對自己的表現失望，眼淚噴發，最後倒坐在台大公帳前痛哭失聲。

獨跑、缺水，A2追風的進擊

再來看A2這一組人馬的情況，追風和OJ原本一路並肩跑，當越過了疏勒河過後的鹽鹼地，路面非常狹窄，需要跳來跳去，得與其他院校的隊員搶路，是很不好跑的路段。接著看到鐵絲網，遙遠的前方便是高大的白色風車陣了，這時OJ收到了對講機訊號，指示他要帶女生進來，他評估追風的實力堅強，於是向追風說，從這兒到終點應該不到十公里，「妳就跟著風車的方向跑就對了，我要協助雄大帶女生進來！」

獨跑的追風一個勁兒地繼續向前，這一趟，她是為學校、為團隊爭取榮耀而來。中學時代她曾是北一女一百公尺紀錄保持人，擅長短跑，每一個人都以為她跑馬拉松也沒問題，殊不知她是為了參加這場挑戰賽才開始接觸長跑，從最基本的如何配速、調整呼吸與步頻、步幅開始；凡事要求一百分的性格、再加上外人錯認她也善跑馬拉松，讓她賽前投入很長時間練習。最難忘的是賽前到戈壁探勘時，被眼前的一片浩瀚所震懾，悸動之餘卻也大為焦慮將如何征服這片沙漠？因此回台後投入更長的時間刻苦鍛鍊，壓力大到賽前也不敢減量；此刻的她，一心在燃燒自己，專注衝刺，眼目所及只有眼前的賽道，周遭景色如同無物，一心一意在於要跑出好成績，當感到口渴想到該喝水時，卻發現不妙，自己身上只剩五百毫升的水！

急急想通知OJ為她送水，但對講機似乎當機不靈，沒有得到回應。此時大陸院校的幾個女生追了上來，追風憑著一股好強不服輸的精神，忍著乾渴的喉嚨繼續加速，堅強的意志力讓她決定接下來一公里只配給自己一口水，決不讓口渴這個惡魔打敗！最後口越來越乾，嘴唇幾乎要黏在一起，但心中依舊只有一個念頭：「不論如何，我一定要盡快跑到終點！」大陸院校女生見識她的風速和拚勁，還以為是個男生，直到最後三公里處，看到追風轉過頭才驚呼：「是女生！」

當終於跑到可以看見終點線的距離，追風邊舔著乾裂的嘴唇邊想起先生的叮嚀：「回到終點一定要line我」。另一半知道她是拼命型的，完全不在乎她的成績，只關心她的感冒好一點沒有。又渴又乏的艱苦終於要過去了，一路靠著不斷與自己的內心對話和「絕不能輸」的決心，她在三個A1男生之後衝進終點線。

往遙遠的後方瞭望，OJ往回跑後，沒多久看見迎風，「她把水丟我袋子裡，把我一推，說，走！」於是兩人手勾著一起跑了非常難跑的六公里，風車陣快結束時，碰到大逆風和上坡路，實在太累了，OJ覺得必須保留體力給自己衝第三天的成續，他要迎風和後面的雄大、月玲瓏作伴一起跑……。

不再有OJ陪跑的迎風，獨自一人跑著，途中聽到對講機裡的追風喊沒有水，更急急狂奔想去送水，然而過了風車陣的堤防旁，前後看不到任何跑者，似乎迷路了，她不敢停腳，只有一個勁兒向前，最後看見有旗子在遙遠之處飄揚，欣喜之餘，也同時感到口渴不已，此時居然發現身上的水幾乎已一滴不剩！正當萬般思緒與艱難在腦中翻攪，看見雄大和月玲瓏跑來，第一句開口就向雄大要水，雄大身上也僅剩一點點水，全給了她，三人就在沒有水的情況下，繼續往終點方向努力奔著……。

A3穩定前進，兩女最後衝刺進前六名

雄大和月玲瓏這一組，兩天以來在賽道已經培養很好的默契，雄大過去是登山好手，對於辨識方向、找路很在行，賽前上戈壁探勘時，面對陌生的大漠，可以很

快發揮登山所培養的判斷和直覺，找出正確的方向。這一次參賽，他深知女生有減時的優勢，是隊伍中的得分之鑰，自己每天的角色就是全力協助，幫女生開路、指引方向，讓女生能心無旁鶩地跑。

他和月玲瓏在競賽日第一天跑得穩定，最後聽到教練透過對講機表示前六名已定，兩人便保留體力，悠閒回到終點。相較之下，第二天的鹽鹼地並不好跑，不過月玲瓏最擅長跳著跑，滿地的駱駝刺對她而言完全不是障礙，可以靈巧地在叢叢尖刺之間跳著前進。

「我很感謝雄大發揮很大的作用，在困難的鹽鹼地仍然很快找到路線和方向，讓我很放心的專心跑就好。」月玲瓏評估自己的狀況不錯，和雄大兩人一路以穩定的配速跑得順暢，當聽到教練透過對講機說，「需要三個女生進場！」便拔腿開始衝刺，月玲瓏也是拼命三娘型的，靠著身上的補給品不斷補充能量，一股使命必達的意志力支持著強大心志，先追上迎風，沒想到迎風身上已經沒水，而她和雄大的水袋也僅存最後的一口水。

月玲瓏衝刺，雄大緊跟在後。

雄大把珍貴的水給了迎風，三人繼續往目標邁進，此時已經是最後一段路，三人都十分口渴疲憊，只有靠堅強的毅力支撐，眼前的賽道一片土灰、無邊無際無言地向四面八方開展，唯有不斷揚起的塵沙和腳步聲為最後的里程伴奏。這三人組像生命共同體一樣，踩著同樣高速的步頻，不須排練就以完全一致的節奏驅動體內的熱血燃燒，最後終於看見營地和紅色的終點線，迎風、月玲瓏已是跑到忘我境界地加速奔向前衝線，緊跟的雄大也進了終點，為任務完成感到振奮，成功地把兩個女生送進前六名了！

一個人的衝線，百味雜陳

最後抵達終點的是獨跑的OJ，過了風車陣後沒多久，他開始改採步兵模式；從教練透過對講機的指揮調度，今日最後由A1三男和三個女生進前六名，OJ推算迎風和月玲瓏應該在十分鐘內就可以到站，自己懸著的一顆心也放了下來。

當跑進終點線時，OJ已經整整比同隊隊友慢了六分鐘，其他院校A隊似乎也都進站而沒有任何歡呼聲了，他默默想著，今天女生們跑的真好，已經盡全力了，自己也盡力協助陪跑了好幾段，明天將是競賽日最後一天，最後的二十二公里一定要好好表現，他不禁握緊了拳頭低聲為自己加油：明日再戰！

一群人可以走很遠

路線很硬、公里數最長的競賽日第二天，B隊行進的過程和氛圍與競速的A隊截然不同，每個人對於難度都早有心理準備，雖然前兩天已經步行了超過六十五公里，每晚睡眠也都嚴重不足，但可能因為收操收得不錯，心情也都維持興奮且正向，因此並不覺得肌肉特別痠疼或疲憊。

口號聲不絕於耳，化戈壁為熱情沙漠

一早我便吞了顆長效型止痛藥，再檢查身上是否確實帶了足夠的短效型止痛藥，心裡默想聖經上的話：「神能照著運行在我們心裡的大力充充足足的成就一

曾為籃球社社長的OJ衝起來速度驚人

林義傑：我就是人肉GPS。

雄大成功護送（左）月玲瓏、（右）迎風進終點。

海龍、寶馬、小傑一起衝線瞬間。

追風舔著因口渴至極而幾乎黏在一起的嘴唇。

月玲瓏忍著口渴向前衝刺。

止痛藥也失靈，沙漠玫瑰硬撐，走完全程。

王牌在競賽最終日由海膽陪同衝進前六名。

雖然競賽第二日公里數最長，路況也最艱難，但只要是我們在一起，就什麼也不怕。

C隊舉著布條在高處迎接A、B隊。

台大戈十一挑戰隊獲得的四座獎盃。

全員完賽，挑戰隊執行長愛文激動落淚。

即將離開戈壁，在難忘的風車陣前合影。

戈九遇見沙塵暴爆發的瞬間，天地變色。

驀然回首，原來戈壁是個起點，從此怒放生命，讓自己更強大。

切，超過我們所求所想的。」（以弗所書第三章第二十節）讓自己的心安定下來。

出發時，天空密布濃厚的雲層，但氣象預報今日氣溫將會隨著時間上升，隊友為今天的長途跋涉準備了精彩的歌單，我們用藍芽喇叭播放，輕快的阿妹、李宗盛歌聲伴著腳步，邊快步走邊哼唱，幾乎像是郊遊一樣愜意！

「一起出發，一起到達」早已成了各校琅琅上口的口號，別校經常在行經台大隊伍時，也主動喊「一起出發，一起到達」！我們則以對方學校的口號奉還，這種互相鼓勵加油的打氣方式十分溫暖，有時我們也會特別喊著別校隊友印在號碼布上的姓名，為個人加油，發自內心的真情互動在戈壁灘上不時上演著；去年戈十B隊還自創了一個「愛你一萬次，一萬次，一萬次，愛你喔！」口號，在賽道上逢人就獻殷勤，我們也有樣學樣，對沿途那些辛苦的志工、裁判員、官方攝影等工作人員致意，最會擺pose的海派甜心特別為「愛你一萬次」口號設計了手勢：先在頭頂比出代表愛心的心形，再伸長兩手送愛，如此一來更為活潑帶勁，本是荒涼大漠的戈壁因為喊得震天價響的口號聲，化為一片熱情的沙漠。

被「雙塔」左右護衛著的我，雙臂被牢靠而堅實的力量穩穩架住，使我的腰桿能挺得更直，雙腿也變得有力，穩定的向前邁開大步走！我深深感覺自己是被愛的、是有福的，隊友們對於我的體能不如預期從未有任何怨言，反而是時時刻刻的呵護與關注，步行的過程中，我享受著這每一分一秒的被愛，在心裡默默地不斷感謝，萬萬沒有想到自己是在這樣的情況下挑戰戈壁！原以為能在賽道上勇健地慢跑，能將我過去大半年的訓練運用於這一仗，誰知最後卻成了全隊最弱、隊醫口中「最擔心的人」，這出乎意料的身體狀況，其實全隊都在承擔。為了「一起出發，一起到達」，即便疼痛使我無力而越走越慢，但整支隊伍仍然維持絕不走散、全員走在一起，最是令人感動！

前兩天路程行經之處都是杳無人煙，今天一開始沒多久就經過一個小村落，兩旁的矮小平房看來都像新蓋的，不遠處有些農田，種植著不認識的作物，偶然見到幾位大叔站在路邊，以好奇的眼光直盯著我們，我們慣常地以無比熱情對著大叔大喊：「愛你一萬次，一萬次，一萬次，愛你喔！」一邊比出愛的手勢，他們黧黑的臉龐露出靦腆的笑容，大概從來沒有見過這麼奇怪的一群人，才見面就高喊「愛你」吧?!村落盡頭的一條「公路」，其實僅是一條狹窄、頂多二線道的道路，我們在路邊暫停稍事休息、補給，幾個女生忙找隱蔽的地方小解，我拿出短效型止痛藥，距離早晨吃的長效型止痛藥已經四個多小時，該是補充的時候了，這時感覺還不怎麼疼，稍稍安心了些，畢竟今天要走的路比前一天要長兩公里多。

走過茫茫戈壁，都是姊妹兄弟

休息後再出發，藍芽喇叭播放的音樂動人，隊友準備了許多耳熟能詳的歌曲，跟著歌聲節奏，腳步也更有勁了，我的左右護法中的愛文有副好歌喉，隨著音樂慷慨激昂地大聲唱，全隊人心都被歌聲觸動而感到振奮，這就是群體的力量！若是獨自一人在這漫漫長路，肯定很快會感到力竭孤單，但一群人在一起就是不同，特別是像我們這樣曾經一起準備、一起團練、一起為了戈壁挑戰賽這個共同目標而同甘共苦的夥伴，彼此感情因為一起體驗而更為凝聚，越來越密不可分。

這次B隊隊員幾乎男女各半，賽前天行者很有心地依每個人不同的性格配對，建立了小天使、小主人制；男生是小天使、女生是小主人，倆倆同行、彼此照應。隊伍由話比較少，個性務實而認真的華仔領頭掌旗，他的小主人海派甜心是個大方爽朗的開心果，兩人同行很有互補的效果。我特別幸運，因為腿傷，身邊有左右「雙塔」護持，小天使邁修羅又是個大暖男，揹著我的補給品和路餐隨侍在側，一旦到了該補給的時刻，立即飛奔而來，打開滿滿的食物袋，細心地問我要吃什麼？這樣的特殊待遇，被隊友戲稱宛如「娘娘」，每當起

競賽日第二天，行走於兩旁都是長著駱駝刺的狹窄路徑。

行，就有人高呼「娘娘出巡嘍！」還有人立即低吟「威～武～」，一時之間，似乎在大漠上演某種穿越劇，不過，還是天行者形容得好：「我看妳根本就像被架著的囚犯」！可不是嗎？這種形容再寫實也不過了，被兩個彪形大漢緊緊架著，實在不像娘娘、就像囚犯！

行進時以走得比較慢的人和我這樣的傷兵走在最前頭，最後面則由最有紀律的副隊長愛俐落壓隊，我的前面一組人馬是俠女和她的小天使天行者，俠女這次也是帶傷出征，她的左腳踝經常容易扭到，而且痛點經常在途中突然發作，有時不小心踢到石頭、或踩到崎嶇處都讓她當下痛得跳起來，一路上不時聽到她「啊、啊！」地哀嚎，讓人心疼憐惜，然而，看她痛得跳起來左右腳跟交碰的模樣又覺得有些滑稽好笑，走在她後方的我們，就這樣強忍著不能笑、邊叮嚀她小心，全隊與她的疼痛一起感同身受著。大漠有句話：「走過茫茫戈壁，都是姊妹兄弟」，十足描繪出我們之間有如手足般堅定緊密的情誼。為了使她走穩，天行者全程都拉著俠女的手同行，這份小天使與小主人十指緊扣的友情，相信未來在彼此的回憶中都會留下珍貴的一頁。

望穿秋水，抵達沙漠綠洲：疏勒河畔

在乾燥的大漠裡，今日途中將經過令人期盼的疏勒河。為期四天戈壁挑戰賽，全程沒有清潔用水，只有珍貴的飲用水，吃喝拉撒後都不得洗手，只能靠著乾洗手和濕紙巾略為清潔，文明世界的洗臉、刷牙都省了，上完廁所也就以濕紙巾擦拭了事。出發以前只要想到這麼克難都覺得應該難以忍受，不過人到了沙漠也很快就隨遇而安，幾天不洗澡、不刷牙、不洗手都習慣了。一想到久違的冰涼河水，可真是望穿秋水，聽說去年B隊抵達疏勒河時，整整在河邊玩了一個小時才離開！

直到下午，我們終於跨過小橋，來到河邊，可能因為乾旱的天氣導致河水蒸發，期盼已久的疏勒河形貌並不像河，而像條細瘦的小溪。眾人興奮地玩起水花，痛快地洗臉洗手，那清涼的感覺，濺起的水花，真是好得無比！戲水的同時巧遇組委會官方攝影師，他要我們一個個擺出pose讓他拍照，為了把握這難得成為專業攝影師模特兒的機會，隊友們紛紛上前，擺出或英勇、或嬌俏、或活潑可愛、活力十足的姿態，不良於行的我在旁靜靜看著，其實我也很喜歡照相，但礙於左腿疼痛、行動不便，無法像大夥那樣蹦蹦跳跳，只能靜立在一旁，默默地看著大家搔首弄姿的歡樂模樣。

輪到隊長史丹上陣，他帶著墨鏡雙手抱胸，仰起頭四十五度角看天，那架勢真帥翻了，一身戈壁戰袍讓他看起來像某種特種部隊的軍官；自從開始跑步以來，他瘦了十幾公斤，整個臉小了一號，身材也更為精實，酷帥的模樣看得我們頻頻鼓掌叫好！另一位女模無雙，原本就生得高挺俏麗，跑步儀態一流，她被攝影師相中，多擺幾個pose供鏡頭捕捉，無雙跳了起來，髮絲自然飄向天際，露出開懷的笑容，霎時青春洋溢，眾人讚好聲不絕於耳；看著大家開心，我雖然沒有拍照也不覺得遺憾，身邊這群兄弟姊妹快樂，就是我的快樂！

長路迢迢，白色風車陣可望卻不可及

今天行程的另一大特色是久聞的風車陣。一早起行時，便可遙望遠處的風車陣，感覺彷彿很快就會走到，但走著走著已過大半天，風車陣仍然維持著遙遠、似乎永遠可望而不可及的距離，好像怎麼走也走不到似的。一支支白色的風車美麗而壯觀，聽戈十的學長姊說，待終於走進風車陣，又會有怎麼走也走不出去的迷惘，可見那風車陣仗之龐大！據聞總共有四千支之多，是全世界最大風力發電區。

一路引頸走呀走著，還沒到風車陣，我已經感到體力不支了，今天的止痛藥似乎藥效特別短、也特別沒效，從早晨到下午，雖已經服用了一次長效、兩次短效藥，左腿仍隨著里程的增加而越來越痛，胃也可能因為吃了太多止痛藥而翻攪作疼，感到很不舒服，我強忍著不適，倚靠在「雙塔」可靠的臂彎中；可憐的「雙塔」架著我第三天了，兩人每走一段路就必須左右互換，以免同一支手臂使力過久而痠疼，中間雖偶有換人支撐，但「雙塔」總認為其他隊友不熟練而很快又接手，我的心裡對他們這樣辛勞非常過意不去，但是，若沒有「雙塔」的支撐，我不可能這麼走下去。隊醫傑士伯每晚看到我回到營地時都是灰頭土臉的不禁搖頭：「正常人走這些路都會受傷，何況是已經受傷的人！」之所以還能撐著，最感激的就是「雙塔」無微不至的扶持。

化痛苦為前進力量，一場自我的挑戰

有位大陸隨隊攝影師「海西老張」，原本是組委會的志工，過去三年觀察台大EMBA隊伍，對於台大的團隊風範和合作精神很是佩服，於是今年特別跟組委會申請，希望能貼身隨隊拍照，了解台大到底是怎麼辦到的。和他共處幾天，大夥兒與他已經打成一片。也許因為我的腳步開始不穩，海西老張注意到我的不適，不斷把鏡頭對準我猛拍，當時正走在一大片連綿起伏的鹽鹼地，自己的雙腿因為疼痛加劇而感到無力、撐不太起來，靠著「雙塔」幾乎是用力提的把我提起來。海西老張看到這般景況特別蹲低，以低角度取景拍我，我無奈地心想，自己看起來的樣子該不會很慘吧?!天知道我多麼希望自己是以「運動健將」的形象示人，至少我曾為此訓練了大半年，也跑過全馬，沒想到在戈壁卻是如此狼狽……。

頓時我感到好難過！但是身不由己，雙腿沒力就是沒力，於是我沉默了，無心也無力跟同伴們說笑歡唱……。當意志消沉，心思進入某種黑洞之中，如果不盡力提起一絲尚存的意志力，努力與內心對話，只怕會被負面思惟打敗，唯有戰勝自己，才能重回光明。「你不要害怕，因為我與你同在；不要驚惶，因為我是你的神。我必堅固你，我必幫助你；我必用我公義的右手扶持你。」（以賽亞書第四十一章第十節）我在心中默默咀嚼聖經的這段話，重新把心專注於腳下的每一步，努力跨出每一步，告訴自己絕不能倒下，一定要完賽！

經過大片連綿起伏的鹽鹼地後，我們抵達圍欄口，感覺已是跋涉千里，走了好久，終於來到仰望已久的風車陣起點，腳下則是遼闊的礫石黑戈壁；一根根巨大的白色風車柱矗立在眼前，極為雄偉壯觀。海西老張這時出了點子，要我們排成一直列，雙手舉起，擺出像「千手觀音」一般的陣仗，拖著病體的我，因為不適合移動，海西老張體貼的要我站在最前方，雙手合十即可，這下子，此行很少照相的我，可成了鏡頭最前面的照片女主角了。在海西老張的指點下，我們按前後擺出高低不一的手勢，成功地在風車陣前拍出千手觀音照，照片效果很好，只是我是個基督徒，心裡有點兒犯滴咕……。

繼續向前行，還有好幾公里才能抵達終點，這段路是我最忘不了的一段，因為實在是太痛了！左腿鼠蹊部拉傷處的疼痛劇烈，讓我每走一步都疼痛萬分，冷汗直流，眼前的風車陣維持著一模一樣的風景，讓人錯覺是否一直在原地走不出這迷魂陣，途中幾度強烈地懷疑自己能完賽嗎？今天勉強走完，明天走得完嗎？好不容易拼到了第三天，痛成這樣，該不會在最後關頭卻功虧一簣？

止痛藥也失靈！「雙塔」撐住走完全程

越想越難過，身邊的「雙塔」也察覺我的不安，愛文關心地問：「很痛喔?!」不時地拍拍我、鼓勵地說，「就快要到了！」好不容易看見倒數五公里的牌子，我心想，「媽呀，還有五公里！」接著是四公里的牌子進入眼簾，上面寫著「你的能量超乎你的想像」，我也試著以這句話為自己打氣，感覺這似乎是人生中最長的四公里……，習慣長跑訓練的我們，動輒跑個四、五公里一向是輕而易舉的事，但此刻的四公里卻走也走不完似的，我喘著氣，流著冷汗，拖著左腿，繼續一步一腳印……。

走到最後一公里處，我們停下來為終點線前的表演打扮自己，在兩頰和下巴貼上各色肌內效貼布，一股神似原住民的英氣出來了，再把頭巾套上，並簡單排練了口號和動作。這戲碼是前一夜睡前我跟海派甜心不斷燒腦，才想出以五顏六色的肌內效貼布貼在臉上成為特殊造型，至於表演項目則是愛文貢獻的靈感：跳原住民舞蹈。由於肌內效貼布的效果類似原住民的刺青，我們模仿原住民的豪邁姿態，大聲呼喝、大膽搖擺肢體，以自創的舞蹈展現台大B隊的飽滿能量；由於我的腿實在不方便跳動，大夥兒決定最後一段路讓我帶頭掌旗，由海

B隊賣力表演，每人的表情都張力十足。

派甜心和俠女充當「雙塔」，一左一右架住我，當全隊走到終點線開始表演前，先把我攙扶至一旁、扶著旁邊的柱子站穩，待表演完，海派甜心和俠女再扶我通過終點線。

那天的表演真是精采有力、極具張力和氣勢，完全看不出我們已徒步近三十七公里、總共近十一小時的疲憊，而我身為最後一哩路的掌旗官，也極力挺住身軀告訴自己絕不能倒下；待表演結束，通過終點線打卡時，我想我的臉色大概已經很難看了，因為主辦單位有位工作人員立刻上前以防寒衣包住了我，大概是怕我失溫，當時我忍不住淚流滿面，因為終於走完了，終於可以休息了，實在是痛得不得了，我需要醫生！幾位A隊隊友見了我的模樣立刻迎上來把我抱住，不捨地掉淚，讓我內心很自責，真是對不起大家，不應該沒管理好自己的身體讓隊友擔心！

不少大陸戈友在完成這一段賽程後寫下心得：「疼痛，堅持，終點，成了最主要的感受與念想」，「勝利的基礎是『和團隊一起贏』。在戈壁，個人面對大自然的惡劣環境顯得渺小卑微，團隊協作與互助努力才是生存的唯一基礎。」

「戈壁是一個活生生的課堂。在行走，在感悟，在堅持中超脫。」相信這些感想，所有參賽者完賽後也都有所同感。

被人攙扶著回到公帳，隊友急忙為我收操，A隊的迎風還特別為我按摩雙腿，令我感動不已，我只想跟隊醫說：「我需要類固醇！」快給我類固醇吧！

賽道上的靈肉分離

當我們從攝影師歐笠桑學長的相機裡看到寶馬倒坐在公帳前痛哭的模樣，每個人的心都揪了起來，晚歸的B隊不清楚到底發生了什麼事，但是心疼和關心讓我們都圍到他身旁，因為我們深深知道，寶馬對這場比賽有多麼投入。

寶馬以前從未認真跑過步，這次參賽，教練的策略是讓他跟小傑搭檔一起跑。經驗老到、曾獲世界四大極地超馬總冠軍的小傑對於戈壁賽從容以對，對於沙漠氣候、地形更是瞭若指掌，這幾天他在必要時就推著寶馬跑，讓寶馬速度能更快。但天曉得那種壓力對寶馬而言有多大！

寶馬從沒想過自己是能進A隊的料，他是天生的低足弓、而且接近扁平足，相較於速度快的跑者足型多為高足弓，先天條件就差一些；進入台大EMBA後，他因為單純的喜歡群體活動，跟著同學參加戶外運動社團「門外社」，記得第一次是吃的飽飽的到場，也不懂得要穿跑鞋，更沒聽過什麼是「核心肌群」，結果跟著大夥鍛練核心肌群時，差點因為吃太飽而吐出來！

一開始，每次幾乎都跑得要死要活，快撐不下去，可是，喜歡跟同學在一起，「跟一群人共同做一件事」的團隊感和樂趣，在在吸引他，更因為想跟大家一起去戈壁探險，他決定開始認真練跑。

凡事起頭難，身為素人跑者，一開始的練習曾讓他痛苦不堪，動輒跑兩三公里就「爆掉」，心跳也太快，然而，因為一心想參加戈壁挑戰賽，必須通過苦練才可望入選為正式隊員，他決定乖乖地遵照學長姊和教練的教導，從每天規律的LSD(Long Slow Distance)長距離慢跑開始練起。

「我沒有什麼偉大的夢想，只想跟著團隊一起跑，一起完成目標；一起出發，一起到達！」

他最喜歡的一句話是海賊王魯夫說的：「這不是可不可能的問題，而是我決定了的事情。」

下定決心，沒有不可能的事

在這樣的信念下，他像個認真的好學生，每天五點就起床練跑，先學習控制心律，以接近十分速（每公里十分鐘）的「龜速」慢慢跑起，天天不間斷，整整練習三個月，並搭配跳繩和重量訓練，增加肌力；隨著訓練強度逐漸增強，月跑量從每月一百公里提升到兩百、三百公里，他形容當時的自己，好像得了強迫症，拼命地跑，飛往戈壁的前一個月，月跑量已達三百公里以上；其間穿插跑山路練習，反覆跑上、下坡，一開始覺得痛苦難耐，到後來已是家常便飯、完全不感覺吃力，甚至能享受其中樂趣、邊跑邊從容欣賞風景，最後如願入選了A隊。

四天的賽事，既然教練的策略是讓他跟林義傑搭檔一起跑，寶馬也相信，跟著強者會越來越強，心想：「那……，到時聽小傑的就對了！」

小傑也很乾脆：「跑到你覺得肉體跟靈魂分開就對了！」

「肉體跟靈魂分開」到底是什麼樣的境界？

戈壁的試煉：戰勝困難，戰勝自己

上戈壁之前，他倆幾乎沒有一起跑過，競賽日第一天，他就領教了這種境界。和小傑、海膽、OJ同為A1這組人馬，除了小傑是全隊的明星，海膽也是全馬成績三小時的高手，OJ練跑時間雖然不長，但憑著打籃球的好體力，衝起來速度驚人，寶馬為了不負身為A1成員的使命，一路使勁地跑著，拼命踩油門，跑到腦袋完全無法思考，身體承受著巨大的痛苦；但身旁的小傑是很好的教練，一路帶領，當感到疲累不堪時，小傑會激勵他：「你的累不是真正的累，身體跟靈魂要分開！」

此時若從旁人的角度看：一個皮膚黑似炭、四肢細瘦如竹竿，活像正在死命狂奔的非洲難民，他的頭向後傾、嘴巴大大張著，似乎向天大口吐著氣，有經驗的跑者知道，出現這種仰天長嘯的跑姿代表力氣用盡、跑得吃力；若是正常跑姿，不論速度多快都應該是腰桿挺直、身軀微向前傾，然而，就在這樣「油門踩到底」、仰天長嘯的瞬間，寶馬感到自己的靈魂與肉體完全分離！

腦袋是空白的、血液是沸騰的、雙腿重複著抬起放下、汗水早已被大漠的高溫蒸發，口渴也捨不得花幾秒鐘喝水，就怕影響了速度。

不顧一切地急速狂奔中，心，完全放空，肉體，似乎也不是自己的了；靈魂不知在何處，肉體已經不能再加速的當下，靈魂與肉體確實分離了！

競賽日第二天，為了拚成績，他知道自己的腳步同樣一刻也不能鬆懈，不論鹽鹼地如何艱難，那些駱駝刺多麼尖利危險，他的雙腳只有不斷向前大步奔去，快，還要更快！

在漫無邊際、沒有方向感的大漠，往往必須根據當下情況即時做出判斷，等？還是不等？該向左？還是向右？決策不同，結果也會不同，唯有彼此互相信任、目標一致。

當小傑和海膽決定回頭把掉速的王牌拉上來，寶馬相信同伴、也相信自己，不料自己後來表現卻不理想，讓再度折返的夥伴在前方等待，「怎麼會這樣?！」他深深懊惱，揮之

寶馬的跑姿任誰都看得出有多賣力，左為海膽。

不去的內疚最後在抵達終點時爆發。

然而，所有夥伴都知道寶馬一路都是用生命在跑，對他只有支持和鼓勵；這讓他在自責的眼淚後，面對最後的競賽日，決心一定要拚到底、絕不能再讓自己失望！

「這不是可不可能的問題，而是我決定了的事情。」

「我要拚到最後一刻！」他對自己許下了承諾。

寶馬全程用生命在跑。

競賽最終日

五月二十五日

起點：營地—風車陣

終點：白墩子

地標：白墩子

地貌：礫石戈壁、丘陵

直線距離二十一點七五公里

關門時間：A隊男子組五小時三十分，女子組六小時

沙克爾頓獎（A、B組）關門時間：八小時

台大A隊當日競賽成績二小時三十四分零二秒，排名第十二。四日跑步實際總公里數一百一十六公里，總成績十小時二十三分四十五秒，名列第十二名，為台大參賽七屆以來最佳成績。

台大B隊當日實際徒步二十三點六一公里，耗時六小時二十四分，四日步行實際總公里數一百二十五點九五公里。

出發以前，隊醫傑士伯意味深長地看著我：「再幫妳打一針類固醇吧！」我輕輕的點點頭，捲起袖子。

兩針類固醇＋止痛藥，完賽就看今朝

他是非常愛護我的醫師，自從知道我每日忍痛只求完賽，就一直擔心又關心，每晚返回營地第一個問候的就是他。

注射第一支類固醇針劑時，我問他，這種痛法是否代表肌肉拉傷得很嚴重？他望著我點點頭：「真的有點嚴重。」打過針，吃了藥，我回到帳棚發誓一定要好好睡個覺，已經痛到如此地步，再沒有好的睡眠不行，而且隔天凌晨三點半就得起床了。

最後競賽日的清晨，傑士伯主動為我再注射一次類固醇。他是個保守、循序漸進用藥的醫生，昨晚已打一針，今早又主動再補一針，顯然一定有其必要性。最後日公里數近二十二公里，他知道我的胃部因連日服用太多止痛藥而疼痛不止，也給了我最好的胃藥，並囑我途中除非必要，止痛藥備著即可，不要再吃了。

針藥給了我信心，最後日路程等同半程馬拉松，應該是輕輕鬆鬆就可走完，我在心裡鼓勵自己，不論如何，只要今日完賽，全程就完賽了，我的挑戰也成功了，一定要堅持下去！

戈十一即將畫下句點，患難中見真情

像是準備給我們的一份特別禮物，因為出發時間早，渾圓的金色太陽從遠方地平線冉冉升起，而另一邊還沒有落下的月亮，也像在天邊靜靜地向我們道別，寂靜大漠上日月同框的景致陪了我們好一段路，真是令人難忘。一股淡淡的離愁也悄悄湧上心頭，不過想到終點線有熱騰騰的好吃泡麵和冰涼的啤酒等著我們，大夥兒的腳步更輕快了些，一步步邁向終點。

在平坦的路面行走沒多久，前方有一個大深溝必須跨越，左右「雙塔」中右邊的愛文一把抱起了我，準備往下坡走，左邊的員外腳下卻一滑，結果我們三個人像連體嬰一樣一起重重跌進溝裡！我跌坐在一塊石頭上，愛文連忙問：「有沒有怎麼樣？」一邊試圖把我再抱起來，同樣也跌坐在溝裡的員外還沒來得及起身就忙不迭舉起扶著我的雙手把我給撐起來，「雙塔」奮力地讓我起身，其他已經跨越深溝的隊友也從前方伸長了手支援，好不容易都站穩了，愛文和員外再合力架著我爬上溝坡。

跌這一跤的整個經過都被後方的波波拍了下來，事後看照片，愛文和員外從一開始護著我下坡、到跌入溝中、到三人再奮力上坡，整個過程都看得出他倆是多麼全心全力在保護著我。

我不知該如何表達心中對於他倆的感謝！這一路上若不是「雙塔」，我怎麼可能走到這裡？記得行前，因為對自己的體能沒有把握，愛文曾經向我說：「我這一趟的任務就是幫大家圓夢！」當我仍舊沒有信心，他也再三保證：「我會扛妳到終點！」友情的溫暖、義氣與相挺，一起面對困境，患難中的真情令我珍惜！

最終日的賽段，隨著日頭照耀整個大地，陽光格外燦爛，一朵一朵白雲特別立體的漂浮在乾淨清亮的藍色天空，地面上沒有任何遮蔽，能三百六十度眺望向四方無限展延的礫石大漠，此景只有戈壁有，我們用力瀏覽眼前景物，想把它刻印在心的深處，雖然也希望趕緊完賽，但今日別後何時能再來？「戈十一」劃下句點的時刻近了，真叫人難以割捨！訓練大半年，就為這四天，四天的時光雖然是在漫長的腳程中度過，但卻又是這麼快即將消逝；戈壁此刻在我們眼前、在腳底、在四周伸展著，身還沒有離開，心已經開始想念……。

A隊的最後進擊

今天令人引頸期盼的，還有A隊隊友的腳蹤，因為今天B隊較A隊早出發一小時，因此在賽道上，我們將與疾速而來的A隊夥伴擦身而過。

很快地，跑得最快的幾個大

再望一眼，再拍一張照片，身還沒有離開，心已開始想念。

陸院校A隊隊員身影已經出現在眼前，刷刷刷地像風一樣通過了我們，繼續向前奔馳，很多學校指派B隊隊員在賽道上負責指引、開路，因為後發的A隊遇見B隊隊伍時，若無人開道，很容易被B隊的人群阻礙、影響了速度，因此有賴指引，讓專心衝刺的A隊能以最正確、離目的地最短距離的方向前進。

我們張大眼睛，隨時注意台大A隊的蹤影，很快地，經驗豐富、熟悉大漠地勢的小傑出現在我們眼前，一路上露出招牌白牙和可愛酒窩，跑得輕鬆、快、又穩，絲毫不見疲態，邊跑邊笑著向我們揮手；小傑今天再度帶領寶馬跑，拉提寶馬的速度。跟在他後面幾步的寶馬，看起來的模樣，和小傑的輕輕鬆鬆有如天壤之別，寶馬又是仰著頭，嘴張得大大的、喘著氣，雙手雙腿奮力地擺動、使勁地跑，看得出他是再度以「肉體和靈魂分離」的賣力演出緊跟小傑，全力衝刺！這令人動容的景象讓我們提高聲量地為他加油打氣：「寶馬寶馬寶馬，加油加油加油！」我們只有死命地喊，希望透過吶喊的力量傳送一些動能給這匹最賣力的「寶馬」！

緊接著，A隊的幾位勇腳OJ、海膽、王牌、雄大，和跑得最快的女生追風陸續跑來，迎風、月玲瓏也很快出現，看到自己的隊友認真地加速跑著，我們也隨之熱血沸騰、引以為傲！B隊幾位也跑得很快的華仔、無雙、愛俐落、天行者忍不住跟上去陪跑了一段，A、B隊在賽道合體短暫幾分鐘，稍後在終點再相會了！

有人認為，經過前兩個競賽日，各院校的成績已經成定局，不過就算是再快的隊伍也會累，因此最後一天我們還是要繼續力拚！今日教練對A隊的策略，是全部男生都盡全力衝刺，另外由雄大負責陪跑得最快的女生追風，由五男一女進前六名。

前一天對自己的表現有所愧疚的寶馬，更是全心全意地跑，對於B隊的熱情加油完全無法回應，「當時我只能望著前面跑者的腿套，把它當成胡蘿蔔，不斷追著胡蘿蔔跑，身體持續在一種痛苦的狀態中……」，身體已經累積了前幾天的疲勞，但小傑在寶馬的身邊讓他很安心，因為小傑告訴他：「別擔心，如果你跑不動了，我會在後面推你，你盡力跑就對了！」就這樣拼命地跑，最終寶馬和小傑率先抵達終點。

同樣對自己前一天的掉速感到自責的王牌，今天也決意不能讓同伴失望，一定要跑進前六，由身旁的海膽一路推著加速向前，接近終點時，已是接近氣力枯竭，當與海膽並肩衝進終點線的瞬間，淚水滑下他的臉頰，激動緊抱海膽，「我辦到了！」今天總算沒有辜負教練的期待，王牌將永遠記得這一趟旅程所發生的每一件事。

和海膽、王牌一起出發沒多久，OJ開始不斷加速，希望能追上前方的小傑，此行最令他感到光榮的就是能與明星同隊，而最後一天一定要寫下完美句點，因此決定加速獨跑，「過程中並不覺得孤單，因為每個人看到我都喊加油，一起出發、一起到達！」為了求快，他把兩管軟水壺放在海膽身上減輕負擔，直到口渴時卻發現途中的CP很簡陋沒有水，強忍著口乾、也沒有吃補給品，怕吃了更渴，最後五公里靠著緊緊咬住前方大陸院校的幾位隊員，終於跑到終點，OJ露出痛苦而激動的笑：

「我很高興自己沒被沙漠打敗！」

拚了兩天、感冒未癒的追風，最後一天似乎感覺有些跑不動，在雄大的一路陪伴、適時提醒補給下，奮力穿越最後的賽段；兩人同跑，分擔壓力，使她漸入佳境，越跑越快，高速奔馳進了終點線，達成最後的目標。

至於迎風和月玲瓏，少了進前六名的壓力，兩人得以好好地邊跑邊欣賞戈壁的風貌，大漠在她倆腳下一步步跨過，每跨一步就代表離開戈壁一步，回想四天以來跑過的路程，心頭只有無盡的感動與感謝，深信四天經歷將化為永恆，成為生命中重要的篇章。

終點線前最後演出，恐龍再現大漠

最終日的終點線表演，B隊也早有準備，以前幾天最讓眾人驚艷的恐龍再度現身。

扮裝恐龍這個點子最初是天行者想的，他是點子王、也是人氣王，這四天全程以吹口琴、或用大聲公喊口號帶動氣氛，各種笑話、歌聲，讓台大的士氣始終維持高昂，我們這支隊伍一路走來團結和樂，團隊氛圍最是感動人心，也是最寶貴的情感交融。

天行者早早就迫不及待在中途換上恐龍裝，讓我們這支以恐龍為首的隊伍令人看了忍俊不禁，是大漠上最搞怪吸睛的一群人；然而走著走著，恐龍突然洩氣了，仔細檢查，漏氣的地方，竟然和我的傷處一模一樣：台語稱為「該邊」的左腿鼠蹊部破了個大洞！令大夥兒為這樣莫名的巧合狂笑不止，連恐龍都這麼有默契啊，只好在它的傷處貼上肌內效貼布，繼續上路。

理想、行動、堅持、超越、完賽

賽程近尾聲，老遠已經可以望見終點的「白墩子紀念碑」矗立在遠方的高處，幾天不見的C隊夥伴手持「一起出發，一起到達」布條，在前方歡迎著我們，見到惦念許久的夥伴，我們彼此又跳又叫又歡呼，心頭滿是感動；體驗日後，C隊就去戈壁週遭的名勝觀光遊覽，但每一天心裏都惦記著苦行中的我們，直到今日終於可以會合。我原以為，今天應該不會哭，因為昨天已經掉了很多眼淚，但當帶著滿臉期待與歡喜的C隊出現在眼前，我們的眼眶都濕了！最溫暖可愛的「風吹沙」柯承恩老師、C隊的俐落、生化人、9V、維尼就像是久別重逢的家人，見到他們才知道彼此有多麼想念，他們的身影是如此地鼓舞人心，在總共跋涉了長達一百二十多公里後……。

一趟戈壁行的情感，就是這麼濃得化不開！我們堅持「一起出發，一起到達」，彼此扶持，為成就共同的夢想而努力，眼看著終點線就在眼前，挑戰賽即將成功，我們的熱血與盼望，終將畫成圓滿的一個圓；除了完賽代表成功挑戰自我，此行最珍貴的收穫就是這份因戈壁而生的革命情誼。

終於抵達競賽最終日的終點，全隊披上黃色輕便雨衣當作披風，以天行者扮裝的恐龍為首，由我領唱：

「我有一隻小恐龍，我從來也不騎，
有一天我心血來潮騎著去戈壁，
我手裡拿著小皮鞭，我心裡真得意，
不知怎麼嘩啦啦啦啦，我跑進你心裡……」

接著全體隊員向後轉，面對賽道深深一鞠躬：「謝謝玄奘之路！」再向後轉，面對終點線和守候的組委會工作人員、各校夥伴，再深深一鞠躬：「謝謝工作人員！」我們魚貫地通過終點線、最後一次打卡登錄成績，四天的戈壁挑戰賽完賽了！我接過工作人員掛上的厚厚一面獎牌，眼淚已經潰堤，我們終於辦到了！實實在在地走完全程一百二十六公里，抵達目的地了！A隊的月玲瓏為我掛上花圈，我緊擁著她，淚崩，再緊抱等候多時的大家長——「小飛俠」郭瑞祥院長，心裡吶喊著：院長，我完賽了，我沒有搞砸沙克爾頓獎！完賽了！我的眼淚止不住，哭成淚人，和同班同學安琪兒、海派甜心、雄大緊緊相擁，同班四人全員完賽，我沒有丟臉，沒有讓大家失望，此刻所有痛楚已煙消雲散。

心，可以超越一切

那一瞬間，連日來的劇痛，完全消失了片刻，隊醫傑士伯開心地對我說：「妳依著妳的心去做，真不容易！」一直以來最令他擔心的人完賽了，不必再吃止痛藥、打類固醇，然而這一切對我而言都值得，沒有什麼比完賽更令人雀躍！

根據組委會的統計，這次四天賽事期間總共在賽道進行了近八百次醫療服務，其中情況較緊急的有二十餘起，更有人因為傷勢嚴重當場被裁判和醫療人員勒令退賽，然而我在同伴的扶持協助下，不僅一次也沒有用上主辦單位的醫療服務，更完成了挑戰，實在幸運！

戈壁點燃了跑者魂，一步一腳印地體驗玄奘之路後，一路堅持的勇氣和意志力在我們的生命刻劃深刻的痕跡，未來不論面對任何挑戰，都將更有勇氣、更自信、也更堅強。而這片廣漠，也將隨著未來無數勇士的腳印，繼續寫下更多熱血動人的故事。

台大獲四項大獎，團隊合作收穫豐

結束了四天苦旅，後勤夥伴在休息大帳下準備了冰啤酒、可樂、泡麵和糕點，好好地慰勞我們，身上累積了四天三夜的風沙和汗水、又累又髒又渴的我們，終於可以脫下鎮日與沙為伍的越野鞋，坐下來好好休息，牛飲文明世界的冰涼飲料，鼻子猛吸熱騰騰的泡麵香，感覺特別美味；回想四天在沙漠中的日子，既漫長痛苦、又充滿歡笑，卻也那麼快就結束了。

懷著全員完賽後滿足的心情，與各院校一起參加賽事頒獎典禮，台大A隊創下歷年來最佳成績，以十小時二十三分四十五秒獲得競賽卓越獎第十二名，比上一屆的成績要快上整整四十分鐘之多！我們叫著笑著猛烈鼓掌，為A隊夥伴感到無比驕傲！接著，司儀又宣布台大再度榮獲團體風範獎第一名，周圍的各校都為我們歡呼，讚美台大隊伍在大漠上展現的團結和風範，讓我們備感光榮；在宣布沙克爾頓獎時，司儀宣告，這次所有隊伍的完賽率大多為百分之百，我不禁驚呼好險自己有完賽，否則豈不是成為歷史罪人?!此外，為這次參賽特別製作的影片[1]也獲得最佳影像獎，總共囊括四項大獎，辛苦之後豐收的果實，格外甜美！

我們不禁一起哼唱得獎影片中的歌詞：

「冷風撫過
臉上的細毛隨之搖晃
烈日當空
背上的汗珠止不住滲出
拼命似的把步伐伸展跨大
來一場心靈完全釋放的賽跑
終究領悟
不斷追尋的還是
那個原來的我
空氣夾雜著砂粒與汗水

兩種不同成分的鹽
混合成修補心靈的良藥

一個人總逃不過孤獨
就算跑得快

一群人可以跑得遠
目標一點一點地向我們靠近

台大EMBA團隊
齊心協力忘記輸贏
從這條一個人的挑戰
跳躍到另一條人生的路

都準備好了

台大EMBA戈十一
團隊是我們的利器
征服是我們的獎勵

訓練的點滴裝進行囊裡
貼個符號標記
目標不是最遙遠的距離
抑不住是激昂的情緒
讓我們暫時別管什麼道理
為這一生的一哩
贏得無以計算的自我勝利

玄奘之路
一條自我實現的路
一條挑戰人生的路

一起出發 一起到達
台大EMBA不回頭的向前走」

1 二〇一六年台大戈十一影片由三乘影像事務所製作，導演：陳薇、陳伯全，作詞：陳伯全，作曲／演唱：楊子樸。

A隊全數進終點後激動相擁。

強行者有志

結束四天的挑戰，我們從賽事終點白墩子搭了近四小時巴士，一路迢迢回到文明世界——敦煌，好不容易卸下穿了四天三夜、滿是黃沙的戰袍，每個人痛快洗了好久沒洗的澡，經過戈壁一戰的洗禮，恢復乾淨清爽的我們又黑又瘦，換上戈十一專屬粉紅色樂樂猴T恤，好像回到年輕時的青澀學生模樣。

當晚在富國酒店舉行的慶功宴，回想四天戈壁之旅，好像做了一場特別的夢，既虛幻又真實，每個人都發表了激動的感言，過度操勞的身體疲累未消，但只要看到四座金光閃閃的漂亮獎盃，就心滿意足了。

完賽後的我，雙腿只能站立，如果身旁沒有東西讓我扶靠，已經無法獨力行走，因此即便已經回到文明世界，身邊仍需夥伴輪流擔任「雙塔」的任務，讓我愧疚不已。尤其是回到旅館房間要盥洗時也必須有人攙扶，可真苦了我的室友安琪兒。

在準備飛往北京的機場，生平第一次以輪椅代步，照片傳回台灣把所有親友嚇了一大跳，但照片中的我卻是燦笑著的，雙腿並不方便，內心卻很澎湃，覺得自己不一樣、更剛強了。我想起A隊隊長海膽曾經形容，跑步猶如打禪七，又似少林掃地僧[1]，在反覆機械式的動作中，找到內心的初衷；單純而樸實，使心靈勇敢而強大。也想起帶領戈六的黃崇興教授，在當年完賽慶功宴時以「強行者有志」五個字來形容此行的感受，當時在座的戈六學長姊乍聽為之一愣，回神後則深感佩服教授僅以五個字就把戈壁精神表達得如此真切。

戈六「大帥」的真性情

「強行者有志」出自老子道德經，簡單來說就是凡事堅持到底或勉力而行的人有志向，的確是所有戈友克服艱苦挑戰大漠的寫照。花名「大帥」的黃崇興人如其名，是率性的性情中人，自戈五挑戰隊成功挑戰戈壁後，黃崇興認為這項活動可以展現台大EMBA的體魄與意志，因此自戈六起列為學校的正式活動，他也擔任當屆挑戰隊院領導，親自率隊到戈壁徒步四天三夜。完賽頒獎典禮上，當組委會把「最佳風範獎」頒發給台大隊伍時，黃崇興出奇不意地表示要將這個獎項與同樣也參賽的殘奧會（或稱帕運會）跳高冠軍侯斌[2]分享，一隻腿是義肢的侯斌被黃崇興邀請上台時，台下眾人被感動得熱烈鼓掌。

殘奧跳高冠軍侯斌率領殘疾人士挑戰戈壁。

當時黃崇興手捧著「最佳風範獎」獎座對著台下說：「侯斌才是最能代表戈壁精神的人」。當年侯斌是廈門大學EMBA學生，踩著義肢挑戰戈壁讓他吃盡了苦頭，賽程中不僅迷路，他的義肢一度還因為風沙太大卡住而在荒漠中動彈不得。「最佳風範獎」雖是頒發給參賽團體的獎項，但黃崇興發自內心的真誠觸動了現場所有參賽者，侯斌也是黃崇興心中「強行者有志」的典範。

黃崇興自戈壁回台後，寫下了此行的感動，引用美國開國元勳富蘭克林的話：

「去試可能會失敗，但你至少學到了；若是根本不去試，你永遠無法估量可能失去了什麼。」

To try and fail is at least to learn; to fail to try is to suffer the inestimable loss of what might have been.

只有懷抱著夢想的強行者，才能嘗到努力後的滋味。

黃崇興也寫下一首打油詩，記錄戈壁的四天實況：

狂風飛沙四顧茫（體驗日）
熱土烈日肌膚燃（競賽日第一天）
遙望終點只數里（六工城、風車陣）
要想快到卻是難；

花捲雞蛋小米粥（早餐）
蕃茄蘋果小黃瓜（休息餐、早餐）
豆干肉粒鹹榨菜（路餐）
白飯青菜羊肉湯；（晚餐）
三斤白水寶礦力（背包內）

紅牛[3]BE維他命（出發前喝）
鹽錠酵素能量包（隨身腰包）
安眠止痛沛力素；（睡覺前吃）

一聽休息馬上停（每一天無盡的路程）
能坐可躺絕不站
人聲酣音全無擾
最恨早上起床號；

聯手邁入白墩子（最後一天衝線成功）
淚笑擁抱眾親友
可樂毛巾冰西瓜
揮旗合影豪興發；

一旦再入敦煌莊（搭車回敦煌山莊）

沖頭洗身三五回
滿腮鬍鬚盡剃淨
回想日前恍如夢；

制服彩衣慶功宴
歌舞同唱我相信
個人AB風範獎
台大團隊真是強；

瀟灑揮別古邊城（由敦煌回台北）
機上俯瞰玄奘路
途中競談甘苦事
不覺已到台北市。

去試可能會失敗，但若根本不去試，你永遠無法估量可能失去了什麼。

再讀一遍他的打油詩，戈壁四天歷歷在目，相信這四天令每一個人永遠回味。

1 少林掃地僧為金庸小說《天龍八部》中武功高強的高僧，平日的功課是掃地。

2 侯斌為大陸知名殘障運動員，曾多次蟬聯殘奧會跳高冠軍，並曾代表點燃殘奧會聖火；自戈六起連年參與多次戈壁挑戰賽，由於他的左腿為義肢，行走於崎嶇的戈壁大漠格外困難，從戈六到戈九花了四年才走完賽道全程。戈十一時他也率領多位殘疾人士再次挑戰戈壁，堅毅身影令人動容。

3 紅牛為戈壁挑戰賽主要贊助商。

一起ing

決定加入戈壁挑戰隊後沒多久，簡教練帶我們看了一支有關「雁行理論」的影片，當雁鳥展翅拍打時，其他雁鳥會跟進，形成整個雁群呈V字飛行，而一群雁可比單飛時增加至少百分之七十一的飛行距離；由於目標相同，透過彼此推動，能更快速容易的抵達目的地。一旦脫隊，會感到遲緩吃力，就會立刻回到隊形，利用鳥群的浮力飛翔。當一隻鳥生病受傷時，會有兩隻鳥飛下來協助照顧牠，直到牠康復為止，牠們會自己組成隊伍，努力追趕雁群大隊……。

當領隊的野雁疲倦了，牠會退到側翼，由另一隻野雁接替，飛在隊形的最前端。飛行在後的野雁，會利用叫聲鼓勵前面的同伴保持整體速度，繼續前進。

簡教練以雁行理論啟發我們，挑戰戈壁必須如雁群一般，團隊合作、彼此互助扶持，朝共同的目標前進。

一起出發，一起到達，如同雁群

等到我們真的上了戈壁，就如同雁行理論，朝共同目標「一起出發，一起到達」，尤其B隊的行進模式，就在實踐雁行理論。如「輪流領導」——沉重的隊旗，一開始由身材高大的華仔在最前方領隊掌旗，其他隊友會主動上前與他輪替；「互助扶持」——受傷的我，全程有兩位夥伴扶持照顧，也不時有其他夥伴主動表示願意接手輪替，「彼此激勵」——全隊有如一個大家庭，全程彼此打氣加油，維持高昂士氣。如果以上帝的視角俯瞰戈壁挑戰賽的場景，各院校隊員在大漠是四散各處的點點人影，唯有台大B隊是整整齊齊的一列隊伍；每當我們喊出「一起出發，一起到達」，總能立刻引來其他院校也同聲高呼這個口號，並對台大能從頭到尾維持隊形表示佩服不已，更好奇是怎麼辦到的。

OJ透露，有其他院校參賽隊員問，為什麼台大能得團體獎？有給什麼好處嗎？他當場回答：「台大完完全全抓住了比賽的精神，在戈壁這種最痛苦的環境中『一起』完成。」

「一起」一詞引發了絕大多數參賽者的認同。OJ進一步表示，「一起」是台大在大漠展現的風範，而最後全員完賽獲得沙克爾頓獎更代表「一個也不能少！」

「一起出發，一起到達」初始是台大戈十一挑戰隊發想的口號，從戈十二起就也決定不再更改，沿用至今，年復一年的宣揚，使得每一年賽事期間這八個字都響徹戈壁，甚至從戈十六起，組委會官方網頁上的賽事章程「賽事口號與價值主張」中，也出現了「一起出發，一起到達」：

「賽事中廣泛使用的『一起出發，一起到達』這個口號，傳遞了每位參賽者對團隊精神的切身感受，並鼓勵參賽戈友相互扶持、共同進退，弘揚團隊合作、永不

「一起出發，一起到達」透過行動而內化成為一種精神與文化。

放棄的正向能量」。

可見「一起出發，一起到達」確實是打動人心、贏得共鳴的一句話。

追求「不能壞的冠冕」：風範

曾經連續八年赴戈壁帶領挑戰隊參賽的前台大管理學院院長郭瑞祥認為，「一起出發，一起到達」是多年來一步又一步的堅持而形成，已經深化為台大的精神，這是團體透過行動內化、也透過行動證明的文化；隊伍中強幫弱、相互合作，每個人也都對自己負責，最後展現出的團隊精神即是「風範」。

郭瑞祥在每年賽事結束後都喜歡用一段聖經的話，作為「一起出發，一起到達」的註腳：「豈不知在場上賽跑的都跑，但得獎賞的只有一人？你們也當這樣跑，好叫你們得著獎賞。凡較力爭勝的，諸事都有節制，他們不過是要得能壞的冠

冕；我們卻是要得不能壞的冠冕。」（哥林多前書第九章二十四至二十五節）

郭瑞祥多年的觀察，台大每年參賽，為的就是追求「不壞的冠冕」。

眾志成城，譜下沒有排練過的協和樂章

因為要「一起」，所以拋開個人、以團隊榮耀為出發點參賽。追風是全隊跑得最快的女生，但是在戈壁最大的成就感不是來自於自己跑得有多快，而是在當「兔子」角色、跑在前方帶領時，觀察配合後方隊友的速度，進而能成就比她慢的隊友創下佳績。「我有時得停下來，否則隊友無法創造最好的成績，這教我學會了『慢一點』；有時『慢一點』，所獲會更多一點。」她很肯定地說：「我喜歡和團隊一起圓夢，更高興隊友因為信賴我而達到好成績，戈壁讓我體會了成就別人比自己上凸台還快樂！」

雄大在戈壁每天的角色都是陪跑，個人成績從未列入前六名，但是，「我做了以前認為不可能的事，也做得不錯；盡到自己的力量把女生的成績往前拉、進前六名，與有榮焉！」他笑著說，「戈壁是一趟陌生的旅程，『一起出發、一起到達』令人安心；有伴，可以成就更大的事。」

此行跑到無我，肉體與靈魂分離的寶馬對於戈壁教他的事很有感：「沒有冒險的滋養，生命會枯乾，而我的勇氣是來自於團隊！」因為信賴隊友、信賴團隊決策，他才能無所罣礙的一路向前，跑出新境界。

B隊是全程徹底實踐一起出發，一起到達的團隊，身為傷兵的我感受最深，旁觀的攝影師歐笠桑感性道出他的觀察：「這樣的過程沒有導演也沒有編劇，就是發生在妳身上，妳只好把自己交在別人手上，全心信賴由別人幫助妳完成；妳通過了這項試煉，我相信這是一種奇妙的成長。」

歐笠桑從他的鏡頭中，彷彿看見一支沒有排練過也沒有譜的樂隊，各人演奏各自的樂器，卻如此合拍，最終成為戈壁上一曲獨特的爵士樂。

「一起出發，一起到達」是一種陪伴，客拉客用一種很放心的口吻說，「我的個性比較疏懶，也常受傷，常常停跑，但是我知道永遠有人等我。」

一位多年前參賽的台大戈友有感而發：「你體力好跑得快，但如果不幫忙團隊的其他人，也沒用；強幫弱，才能造就更大的價值與格局，人生、工作亦是如此！」

戈十一賽事結束至今五年，「一起」的回憶與精神，仍然深深留存於我們體內，有如一條看不見的、共通、纖細而綿長的線，把戈十一的每一個人繫著。

「一起」的團隊感從戈壁萌芽到現在，不知不覺一直是進行式，這樣的革命情感來自於彼此的相信、相知與相惜，是一輩子的情感，即便臨時退賽的青蜂俠，和改參加C隊的生化人，也同感一起出發，一起到達的精神；生化人熱心協助下一屆想入選A隊的人一起練習、陪跑馬拉松，享受成就他人的快樂，「我很enjoy這種傳承！」青蜂俠則將戈壁的團隊精神從賽道帶入工作，塑造團隊意識，讓團隊能對準目標，共同努力。

「台大戈十一」成為一個永遠的團隊，彼此間的情誼與默契隨著年日越來越濃、越陳越香。追風說得好：「我們一直彼此牽著、連在一起，一起ing，這種感情的牽絆能支持我們未來想做的任何事情！我們不會放掉任何一個人！」

上一堂「戈壁管理學」

台大管理學院教授郭瑞祥第一次和他的EMBA學生一起挑戰戈壁是參加二〇一二年的戈七，當年的體驗讓他以「奇幻大漠」形容戈壁變化莫測的天候和地形；他原以為自己和戈壁的所有緣分就止於此，沒想到隔年的戈八，因為隊員缺乏共識、心態鬆散，有人向他求救，問他願不願意擔任戈八的領隊？於是他發揮管理學者的智慧，從建立團隊的願景開始，再以身作則親身參與每一次團練，一步步帶領台大戈八挑戰隊成為具有向心力的真正團隊，最後成功挑戰大漠，更是當屆唯一囊括四項大獎的隊伍。從此以後的每一年，基於傳承台大風範的一股熱情和使命感，他年年率隊親征，把每一屆隊伍的不同特色、經歷與收穫詳細記錄，發展為一套獨門的「戈壁管理學」。

戈十一結束後沒多久，郭瑞祥到上海，在台大與上海復旦大學聯名的EMBA台旦班以剛出爐的戈十一為個案講述「戈壁管理學」，教室裡五、六十名台灣和上海的EMBA學生，全神貫注地盯著投影螢幕，隨著畫面中戈十一挑戰隊征戰大漠的身影，時而會心微笑、時而凝神沉思，甚至還有人當場紅了眼眶、流下感動的淚水，投影片最後一頁寫著：「『一起出發，一起到達』不是一句口號，也不是影片的一個台詞，它既是一種理想、行動、堅持，更是一種風範。」這一堂課，和EMBA接觸的其他企業個案截然不同，透過團隊在戈壁奮鬥的過程和每一屆獨特的真實故事，傳達和企業管理相似的領導管理與價值文化，是每年台大EMBA新生入學所上的一堂最特別的管理課。

「跑」出管理學真諦

起初，郭瑞祥也沒想到參加戈壁挑戰賽會讓他「跑」出許多管理學的真諦，教授管理學多年，深深體會談「管理」最怕只有理論，課堂上分享的知識必須與學生產生連結與共鳴，要感動人心才會有效果。他觀察，運動就像一道陽光，喚醒了這群原本鎮日忙碌於工作的EMBA學生，藉運動展現自信與活力，而挑戰戈壁或其他賽事從零到一、實踐的勇氣與過程，是行動學習的最佳案例。

首先，決定參與戈壁挑戰賽代表這群學生從原本的舒適區進入勇氣區，走出日常、挑戰自我，體驗前所未有的一場體能挑戰，也是一場冒險。

戈八建立願景、凝聚共識，終創佳績

參加戈八，郭瑞祥先從了解隊員為何如同一盤散沙開始，發現A隊部分隊員並不積極，沒有全力以赴和求勝的共識，B隊不少人也沒有完賽的決心，整個團隊缺乏共同目標；因此，他先讓隊員了解這是一場超越自我的旅程，明白為何而戰，如果還沒比賽就先輸給自己，何必參賽？

接著他和也一起參加戈八的另一位管理學者李吉仁教授以身作則，每一次團練都不缺席，鼓勵隊員也堅持下去，把大家凝聚成為真正的夥伴關係。在一起團練培養出的團隊情感催化下，最後全隊以堅定的毅力在戈壁挑戰賽終點線前發現了更好的自己，體會了一群人的力量能支持每一個人抵達終點，終至獲得四項大獎的美好果實。郭瑞祥從管理學角度萃取這段歷程的精華，就如同企業領導團隊建立願景，繼而使團隊有使命感，最終達成目標的過程一致。

戈九價值領導，展現組織文化價值

戈九競賽期間遭遇罕見的沙塵暴，是台灣從沒有過的經驗，郭瑞祥深深記得，當時漫天沙塵一瞬間席捲而來，使得清晨頓時宛如黑夜，伸手幾乎不見五指，台大的隊伍不慌不亂的立刻變換隊形，由兩名男生架住中間的女生，三人一組手勾著手完成當天的路程，讓其他所有學校都為台大的團隊精神豎起大拇指。

當年也參賽的一位貴州大學教授目睹台大永遠不打散的隊伍，寫下：「台大創造了這種稀奇！」尤其台大在大漠上廁所的方式：男生排成一道人牆，讓女生可以在後方小解，也被這位教授形容是「看見文化的力量」。

郭瑞祥分析，台大隊伍的表現之所以在戈壁受到矚目與稱讚，是因為每個人都願意適時補位、樂於付出，才讓團隊強大。其中不僅A、B、C隊員之間的互助合作，連其他以提供服務的角色隨隊參加的隊醫、攝影師等人，也都挽起袖子，在自己的專業之外，為團隊默默付出，如每天在堅硬無比的營地釘著一個又一個營釘，為隊員辛苦搭建帳棚；每天早晨當隊員出發後，包括領隊、教練和所有其他隨隊人員就得趕快搶組委會巴士的有限座位，才能即時搭上巴士，比選手還早就先抵達檢查點，在選手跑到檢查點時，為他們及時提供所需的各項補給或按摩、醫療服務，諸如此類的幕後動人風景，不勝枚舉。歷年的台大挑戰隊並非沒有缺點，而是這樣從一屆又一屆傳承下來的團隊合作文化，成為追求成績之外的風範。若從企業管理的角度來看，就是建立組織文化的價值，以及價值領導。

戈十一核心價值：「一起出發，一起到達」

到了戈十一，郭瑞祥觀察，A隊的考驗為當有位明星選手林義傑時，如何讓彼此加分？由於這場賽事是以團體成績取勝，因此小傑很快融入團隊，建立起像是朋友家人一樣的關係，和同樣擁有豐富跑馬經驗的A隊隊長海膽一起，在競賽時具體發揮強幫弱、協助隊友，沒有個人主義，與隊友一起出發，一起到達。而B隊則因為我的傷勢而面臨「一起出發，一起到達」的試煉，然而郭瑞祥認為，當認同團隊共同追求的價值時，不論遇見任何困難都能享受挑戰、使命必達，這也是為什麼雖然賽後是坐著輪椅回台灣，但仍舊能滿面笑容的原因。

如果有人問郭瑞祥，EMBA學生到底為什麼要花錢買罪受，大老遠跑去戈壁辛苦參賽？他會很感性地說，「參加這場賽事最珍貴的是過程，那種征服極限、超越自我、實現夢想的堅強意志，將伴隨每一位跑者，成為永恆心靈的掌聲，也是歷年來台大團隊的風範與精神，每次想起大家抵達終點線，激動到相擁而泣的畫面，我還是非常感動！」他很肯定認為：「走過這一趟旅程，你會發現學到的比教室內傳授的知識還要多！」

戈壁教導的「僕人領導學」

連續八年征戰戈壁，郭瑞祥將八年的觀察和分析歸納為S·E·R·V·E「僕人領導」，其中的深意整理為下表[1]：

S·E·R·V·E	僕人領導學	做法
See the Future	建立願景、打造共識	A組：全力以赴、爭取榮譽 B組：挑戰自己、成全風範
Engage and Develop People	選手參與、培育選手	與選手溝通 一起團練、一起付出
Reinvest Continuously	無私的付出與堅持	強化體能訓練 重視團隊紀律 重視團隊榮譽
Value Results and Relationships	重視成果與關係	建立幹部團隊 重視分工與整合 化解衝突，尋找教練
Embody the Values	體現價值	參賽目的，不僅成績 一起出發，一起到達

郭瑞祥分析，戈壁挑戰隊是自發性的組織，和一般企業組織差異很大，能驅使自發性組織的成員為組織目標全力以赴，必須以僕人領導的方式「帶心」，讓每位參賽者都是主角，才能使每個人為共同的使命付出，演出超越自我的成就。

他也體會到，「原來通過終點線後，才是起點。完賽的選手成為下一屆的骨幹和精神支柱，傳承價值。」每一屆的故事和經驗價值，都促成日後事半功倍之效，不會每一年都得重新來過。不過，郭瑞祥也強調，這套僕人領導學仍必須與時俱進，不斷強化。

連續八年親自率隊，郭瑞祥在戈壁跑出獨門管理學。

沒有想到，戈壁挑戰賽不只是一場比賽，它催化了人生的不同可能，人生管理因為運動而有一番新境界。透過郭瑞祥以管理學分析演繹，成為了學習建立組織領導與組織文化的行動個案。

1 「僕人領導學」資料及表格均取自天下文化出版之郭瑞祥著作《人生第二曲線：台大教授郭瑞祥的人生創新學》。

超越

新的起點，新的追尋，新的可能

運動筆記的誕生

戈壁挑戰賽是人生難得的體驗，運動似乎也是一劑奇妙的處方，不但對人產生正向的作用，也讓人發現過去未知的潛能，更可能因此開展人生的另一番風景。在台大EMBA，這樣的真實故事不少，每一個故事都不相同。

姚焱堯和張義是台大EMBA前後期同學，兩人因為參加戈五而結緣，當時台灣的跑步風氣才剛剛開始萌芽，他們為了參加戈賽而認真練跑以後，發現跑步並不如想像中的簡單，但國內對於跑步這項運動的知識卻彷彿沙漠一般貧脊，和跑步相關的運動傷害、運動營養、各種裝備和補給等資訊，都只能從國外的網站中摸索；當年台灣除了「跑者廣場」這個元老級網站以外，找不到更豐富的跑步資訊來源。

於是他倆在戈五完賽的隔年——二〇一一年，商量著應該可以成立一個跑步網站，滿足跑者的需求。張義本來就對內容在行，姚焱堯擅長軟體，兩人的專長與經歷非常互補、一拍即合，於是張義找了位編輯、姚焱堯出了位工程師，「運動筆記」網站就這麼誕生了！

純為服務跑友的「戈壁寶寶」

運動筆記成立的初衷很單純，是為了提供跑友所需的各類

戈五A隊姚焱堯在競賽日第二日及第三日均獲個人冠軍。

跑步知識，初始並沒有商業化的打算，兩人興致勃勃地經常自己撰寫文章、翻譯國外的資訊，同時也常扛著相機到賽事現場拍照，越來越豐富專業的資訊吸引了許多跑友粉絲，成立不到一年，網頁點閱數已超過二千三百萬次，臉書粉絲數也突破三萬人，遠遠超過最初預計三年才能達成的目標。某一天，知名運動品牌主動致電表示想刊登廣告，才正式成立了筆記網路公司。

始終堅持「幫助跑友快樂、健康地跑步」這項核心價值，運動筆記打開了跑者對於跑步這個專業領域的眼界，也帶動了其他運動網站的興起，可以說是這方面的先驅者；如今，這個曾被姚焱堯稱為「戈壁寶寶」的網站，已是全台流量最大、FB粉絲數將近五十萬，網站每日平均瀏覽量二十萬的跑步知識服務平台和跑者社群，內容包括知識性文章、賽事行事曆和照片、網誌、購物商城等，是跑者心中的好夥伴。此外，隨著社群規模的擴大，業務也不斷擴展，服務從線上（online）發展到線下（offline）；運動筆記的子公司「筆記實業」辦理馬拉松賽事、發展賽事IP並提供專業的B2B/B2C跑步訓練教學，另一個子公司「旭曜科技」的專業則是提供賽事報名平台和晶片計時服務。

運動筆記的雲端平台架構及成熟的垂直整合服務，具備海外輸出的優勢，二〇一五年成立了香港運動筆記網站，已成為港澳地區最重要的跑步社群平台，累積不少忠實粉絲；二〇二〇年越南運動筆記網站也上線，成為新南向的第一站，未來將持續發揮影響力，目標成為亞洲的運動筆記。除了跑步，筆記網路公司經營的領域擴大到其他的主題，陸續成立了健行筆記、籃球筆記、健身筆記等網站，服務更多喜愛運動的同好。二〇二一年初，鴻海集團創辦人郭台銘個人投資的「永悅健康」併購了筆記網路，未來將隨永悅健康一起繼續成長，希望能成為台灣最大數位健康服務平台與「台灣數位健康的獨角獸」。

當初為參加戈壁挑戰賽而開始認真練跑，從中發現了沒有被滿足的跑者需求，姚焱堯和張義因為興趣而動念，才孕育了

運動筆記團隊與舉重女神郭婞淳合影。

這個專業運動網站，現在看起來，他倆無心插柳在運動產業撒下了一把種子，朝著營造運動產業生態圈的方向發展有所成果，最後被收購進入更大的平台發展。台灣運動風氣一向不似國外盛行，「運動」曾經不足以成為一項產業，但隨著時代環境的變化，單是以路跑而言，舉辦賽事很明顯可以帶動地方經濟，而跑者衍生的相關商品與服務，也蘊藏龐大商機，運動產業前景可期。因為戈壁挑戰賽的淵源而生的「戈壁寶寶」——運動筆記起了一個頭，未來的天空既廣又遠，任憑有志者繼續探索。

百馬、千馬不是夢

如果形容跑步之於中年人是種「救贖」好像太言重，然而，戈壁賽後的多數人都帶了「回春」似的作用在身上發酵，也許挽不回髮際漸白與臉上的歲月刻痕，但確實都變年輕活力了，更從跑步中發掘不同的人生況味。

六旬「刺客」的逆襲

戈五A隊的「刺客」——黃智成，十一年前挑戰戈壁時已是五十二歲，看他當年照片，臉和身型都圓潤，看不出實際年齡；現在的他身材精實、雙臂雙腿肌肉線條漂亮，更看不出是年過六十，一般人認知的「老翁」年紀。

他在戈賽後以五年的時間完成了一百個全馬，接著連六年場場全馬破PB，也是台大第一位六大馬完賽者，甚至超級馬拉松也難不倒他，曾完成六日333K等公里數驚人的超馬，至今仍然持續不懈地跑著。刺客的人生初馬成績是5:58，七年後的二〇一七倫敦馬拉松，以3:38:05的成績破PB完賽，這當中的差距多達兩小時二十分鐘，而且比他的波士頓馬拉松參賽資格（當年60-64歲男子組為3:55）還要快十七分鐘，然而這還不是他的巔峰，二〇二〇年的廈門馬他又破了PB，成績來到3:27:44，證實了只要努力、適當練習，年齡對於跑者不是問題；若不是因為跑步，他絕對不會發現自己的體能可以進化到如此地步。

「我不是運動咖啦，是為了戈壁才跑步」他笑著說。當初是從零開始，純粹想去體驗、探索未知，沒想到練著練著發現了興趣，從戈壁返台後，先從跑遍各縣市開始，以馬拉松完成台灣拼圖的同時，看到比他晚兩屆參賽的戈七A隊員外，跑滿了一百個全馬，覺得自己也可以辦到，隔年如願也成了「百馬王子」，證實戈壁常見的那句話：「你的能量超乎你的想像」。不過因為規律運動，跑馬次數頻繁，受傷的機率也自然增加，刺客每年冬天總因為不同的原因受傷，不得不暫停運動，休息一到三個月是家常便飯，一般跑者可能為此很苦惱，他卻從中體悟另一個層面的寶貴意義。

永遠不要跟別人比，只要跟自己比

「人們總是以自己強的部分作為『能力指標』向前衝，卻忘了整體表現是決定在最弱的那一環。」

「以最強的一點驅動，當然讓弱的地方承受不了而受傷，所以在運動過程中應該先了解自己的弱點在哪裡、加以調配，等到調配好了可能又有另一個不

刺客於二〇一五年完成百馬。

強的地方會出現，你要再把它調上來；受傷一定會發生，但不見得永遠在同一個地方，這是一個動態、接力式的運轉，也是進化的必要過程，跑久了，你會經過這個往前滾動的過程。」

在處事上何嘗不是如此？人總是以有限的自身經驗和慣性思維行事，以為施展自己的能力或專長就可以辦到，然而，唯有遭逢失敗時，才能了解自己的弱點在哪裡，也才能增強扶弱、成長更多。

「不要跟別人比，只要跟自己比。」不論運動或人生亦如是。

多次創業的刺客甚至也從馬拉松的「配速」悟到「經營事業，不必求快」的心得。

他回憶曾在一次創業過程中經歷營業額翻倍，但組織的成熟度卻跟不上業務的速度，以至承受很大的壓力。

「創業者都希望趕快看到業績成長，但財務的搭配、組織人力資源與管理系統的配合等等卻不見得能同步，然而，卻還是一個勁兒想衝業務……」這其中的矛盾與盲點，讓他體會就像跑步的配速一樣，「一開始大家都會往前衝，但應該學習控制自己……」。

每個人都應該找到適合自己的配速，「別人的慢速也許是你的快速」。因此，「永遠不要跟別人比，只要跟自己比。」

百馬不滿足，千馬才過癮

藉著跑步，學會與自己的身體共處，更從中領悟不同的人生哲學，這樣的例子在台大戈友中多不勝數，其中率先完成百馬的戈七「員外」——段繼明，不僅和刺客一樣也是晚成的跑者，但不跑則已、一跑就無法自拔，深深熱愛，成為希望一生能一直跑下去的馬拉松愛好者，至今已累積兩百四十多馬入袋，還發願此生要跑一千個全馬。

「我真的不是運動咖，甚至跑步跑得很爛，國中時跑步算是後段班，甚至一提到跑步會有自卑感……」

昔與今的十足強烈對比，活生生又是個被參加戈壁挑戰賽、被跑步改變人生的真實例子。

「我算過，如果這一輩子要完成千馬，大約還有七百五十多場，一年跑二十五場的話，可以跑到八十多歲……」員外興緻勃勃地扳著手指頭，臉龐散發著興奮的光彩，「我也希望跑遍全世界，凡是有馬的國家，都能去跑！」

員外是唸台大EMBA以後，為了參加戈壁挑戰賽跟著同學一起跑，才發現自己不僅能跑，而且擅長長跑。戈七A隊的體驗，讓跑步成為生活中重要的一部分，一開始曾經非常在意成績，每一次都希望破PB，後來漸漸轉變為海闊天空，能充分放鬆、享受跑步過程。

「跑步讓我進入不同的狀態，那是種介於清醒與睡眠，類似忘我、微醺的狀態……」段繼明著迷地形容，「很多事情清醒時計算太多，反而不敢去做，但跑步時的思考卻能完全不設限，許多生活中百思不得其解的問題，常常在跑步時突然豁然開朗——原來有這樣的解法！」

跑到後來，全馬已經不能滿足上癮的他，而進一步挑戰超馬，從台東關山

員外挑戰兩百馬時盛大的陪跑陣仗。

三連馬——連續三天內，一天跑完一場全馬，到164K、246K，甚至環台超馬1100K都嘗試過，也曾放眼同樣在戈壁舉行但難度更高的「八百流沙極限賽」——全程四百公里，需自導航、自負重、自補給，並在一百五十小時關門時間內完成的極限越野路跑。這些令人瞠目結舌的賽事，員外輕鬆笑談，「跑步讓我能卸下武裝，看見不一樣的自己，是一種轉換，也是思考另類答案的機會。」

如今，跑步對他而言已經沒有任何負擔或界限，而是無限可能。新冠疫情爆發之前，員外每個星期度週末的方式都是輕鬆寫意地去跑一場新北市的「山林涼馬拉松」，讓清晨五點起跑的這場山路馬清新的空氣洗滌心靈，蜿蜒起伏山路釋放所有思緒，他悠悠說起心願：「不是有所謂不老騎士嗎？我希望自己能成為不老跑者……」。

在戈壁採訪的大陸媒體工作者訪問了一位曾兩度參賽的教授說：「身體好了，時間管理能力也提升了。跑步是一個很好的應對中年危機的辦法。」記者觀察，參加戈壁挑戰賽的商界菁英也許在別人眼中是群成功者，然而他們最大的挑戰是自己，「自我提升成為剛性需求」；唯有面對自我、不斷超越自我，才能讓自己更強大。「重新認識自己的身體，重新思考自己對生活的期待，重新審視人際關係和團隊合作，重新出發。這就是人們喚醒身體、走上戈壁的理由吧。」[1]

挑戰戈壁後的回甘，召喚出深藏於體內的潛能，十一年前台大首度參加戈壁挑戰賽的戈五A、B、C隊，在回國後的一個月包了輛遊覽車，從台北、新竹、台中一路載隊員開往台南白河，包括刺客在內的六位隊員以台南白河馬完成了人生初馬，另一位隊員歐斯麥爾特別製作了「台大EMBA百馬俱樂部」布條，發願有朝一日要完成百馬挑戰，從此開啟許多台大戈友成為「百馬王子」的夢想；到目前為止，戈五的刺客、歐斯麥爾、活骨，戈七的員外和柯南、大蟲、阿魔師，以及八度赴戈壁的小飛俠——郭瑞祥教授都已經是百馬俱樂部成員，後繼還有無數有志者在奔向百馬的路上。原來透過跑步，人生下半場可以如此不同。

1 參考自第一財經作者李剛的〈戈十六現場手記，戈壁徒步與中年危機〉一文。

七十歲的超級鐵人

進入台大EMBA就讀的人，通常很快就發現學校的運動風氣興盛得有點誇張，單車環島的、登山的、泳渡日月潭的，打壘球的、玩三鐵的、跑戈壁的⋯⋯，中年時期重返校園的這群人似乎像要抓住青春的尾巴似的，不管以前有沒有經驗，跟著同學一起參加活動，有夥伴和歡樂的氛圍讓原本高難度的運動項目變得可親，久而久之形成了一股風氣。

管理學院教授黃崇興就說，「大家都敢，沒什麼不敢的，如果有人吆喝去高空彈跳，相信大家也敢去！」黃崇興笑著說，「試了之後都發現，原來我可以，運動成了同學們培養感情的促進劑！」

「不知老之將至」的運動鐵漢

說到推坑同學運動這件事，有個人物被公認居功厥偉，那就是戈友中輩分很高的「古哥」古競祥，他是六十三歲那年才追隨太太的腳步進入台大EMBA就讀，至今與台大十多年的淵源，成功引導無數從不運動的前後期同學入坑開始運動，繼而愛上運動，被笑稱「詐騙集團首腦」。戈五的張義回憶，入學時認識了一堆「老男人」，其中一個就是古哥，第一次參加社團「鐵人社」訓練只有五個人到場，「而且非老即胖……」，當時他被古哥稱讚「跑姿很好」，聽了覺得怪怪的，好像在哪裡聽過這句話，後來才想起周星馳的電影台詞，「看你骨骼精奇，是練武奇才……」。

當年「高齡」六十三的古哥，把玩三鐵的風氣帶進了台大EMBA，創立「鐵人社」成為社團第一任教練，但他也不是天生的運動咖，而是從不算年輕的五十四歲時，由於眼見雙親的衰老從腿部開始，讓他驚覺應該要規律運動，而且一開始就選擇難度很高的三鐵，在不斷苦練下，陸續從最最輕量、俗稱五一五，全程五十一點五公里的「標準鐵人三項」[1]開始，挑戰成功後再嘗試俗稱一一三的半程超鐵[2]，那年已經是五十九歲；隨後在六十三歲時，首度以十五小時的成績完成里程和難度都倍增的二二六超級鐵人賽[3]。同時，也給自己訂下目標：要在七十歲那年再拼一次二二六。

「呵呵，七十歲，說不定會是最年長鐵人！」結果古哥七十歲那年，是二〇一七Challenge Taiwan當屆唯一一位報名二二六的六十五歲以上組參賽者，也如願在關門時間十七小時的前一秒，精準的16:59:59時再度完賽二二六，成為最年長的七十歲超級鐵人。

「不知老之將至」是古哥對自己的運動人生所下的註腳，「以年齡而言，我真的起步太晚。迷上了鐵人賽，讓我十多年來維持規律的運動習慣，既然我可以達標，相信每個人都能達標；我是素人，希望比我年輕的人看到我能做到，也相信自己一定能辦到！」

當年台大首度參加戈壁挑戰賽，他也是主動吆喝組隊參與的「首腦」之一，戈五時他以隨隊媒體身分參加，六十四歲的「高齡」是當屆最高齡挑戰者，也是唯一全程徒步跟拍的人；到了戈八，又隨著太太一起參加B隊，寫下戈壁最高齡夫妻同行的紀錄。

年紀長、輩分高的古哥帶頭，親身陪伴、示範，對於運動門外漢很有說服力，讓所有後進者覺得最溫暖可貴的是他的耐心和愛心，時時願意指導剛起步的菜鳥，每個星期二晚上的

左二的古哥和戈友組隊橫渡長江。

社團活動時間，總看得到他在台大田徑場帶著龜速的學弟妹們，以八分速、甚至更慢的速度陪跑，從跑姿、呼吸開始教起，從來不嫌煩。無數EMBA素人跑者就是這樣被古哥帶起來，逐漸提升體能和肌耐力、拉高里程數和速度，繼而參加半馬、全馬、挑戰戈壁或練習三鐵。我自己也是從古哥親自帶領的跑步「幼幼班」開始練起，從零到全馬的路上，常有古哥的鼓勵與陪伴。

勇渡長江的男子漢

「不知老之將至」的古哥，成功二度完賽二二六沒有多久，又有雄心壯志：決定橫渡長江。

「一九六九年，七十三歲的毛澤東在武漢橫渡長江，游程約六千公尺，他游了一小時零五分鐘上岸。如果毛澤東都能，我為什麼不能？更何況，我還比他小三歲呢！」

古哥豪氣地認為，橫渡長江是「每個男子漢一輩子一定要做的一件事！」

長江是中國第一大河，江面寬度是一千五百公尺，但因為江流很快，泳者通常會游成斜的；從武昌游到漢口，游程約六千公尺，水流湍急（每秒兩公尺）；相較之下，古哥已有經驗的「泳渡日月潭」游距僅三千三百公尺，而且幾乎沒有浪。

他決定參加的「第四十三屆武漢國際渡江節」，不是個人速度比賽，而是「群眾方隊橫渡長江」，每隊一百人，以10×10的隊形組成一個個「方隊」，參賽者以「方陣」的隊形游在一起，用蛙式均速集體渡江。古哥和戈五的張義、戈六的豪帥、戈十二的幫主等人一起參加由兩岸EMBA組成的方隊，在參賽的五十一個隊伍、五千多名參賽者中，又是年紀最長的！

「第一次試游，長江水溫適中，但因為夾帶了泥沙而顯得渾濁，能見度只有二十公分。」古哥說。

最前方有鮮艷的橘色旗幟引導，每十人一排依次下水，由於參賽者游泳能力不一，要維持10×10方正的隊形前進，並非易事，也是最大的挑戰。

賽前每支方隊必須在開放水域集訓八次以上，每次訓練必須在四十五分鐘內以方陣形式整體游完一千五百公尺，不達標的隊伍將取消參賽資格，訓練時掉隊二十秒以上的單個隊員必須刷掉。

我問古哥，為了這次挑戰準備了多久？如何準備？沒想到答案大大出乎我的意料之外，根本一次也沒練習！

比賽當日，關心的親友們全守著臉書，關注能否順利完賽。早上九點半左右下水，五十一支方隊每隔三分鐘下水一隊，不一會兒，古哥就以微信傳回了消息：「游完了，約五十五分鐘完成。」簡單幾個字，讓他的妻子心頭一塊大石落地，也讓眾親友為之歡呼！

賽後同隊的戈六豪帥描述了泳渡的過程：「下水後得一路奮力垂直往對岸游，游過一半的長江，不然很快會被沖到下游，不容易到對岸……」。

「當游過漢江與長江交匯處時，接近一零六軍艦西安艦停靠點，突然水流湍急了起來，整個人被往下游沖著走，奮力往岸邊游也沒用。過了一公里後水流才緩和下來，此時才能慢慢往岸邊靠近，最後順利游完。」

賽事當日長江水位高二十六點零四公尺，平均流速每秒一點四二公尺，

被夥伴簇擁的古哥和頭披白紗的莫妹當年是戈八最高齡夫妻檔。

最快地點每秒二點三九公尺，水流非常湍急；同步舉行的另一場「搶渡長江挑戰」個人賽的參賽者，有超過半數被水沖走，得牌者都是十幾二十歲的小鮮肉和年輕姑娘，就知道橫渡長江有多挑戰，七十歲的古哥再下一城，真讓人驚嘆！

他以一貫不疾不徐的口氣說：「橫渡長江其實不如想像的難，只要知道方法，有一定程度的開放水域游泳能力，搶過了南岸下水處的急流，剩下的就是盯緊目標往下漂游……」。

令人驚奇的運動人生還沒完，古哥七十二歲時又報名了交通部觀光局舉辦的台灣十島島主選拔活動，成功獲選為澎湖吉貝島島主，登島為吉貝宣傳，最高齡島主的身分吸引不少媒體採訪；接連的壯舉，讓古哥成為台大ＥＭＢＡ的典範，有這樣足堪表率的標竿人物號召，無數人不知不覺也跟隨踏入了運動人生。

接下來還會有什麼驚人之舉嗎？古哥妻子透露：「他有在想吉力馬札羅啦！」維基百科上寫著：「吉力馬扎羅山為地球上人類可徒步前往的最高處之一」，是非洲最高山，標高五千八百九十五公尺，有「非洲屋脊」之稱，下一站古哥真會遠征這座「非洲之王」？

都說人生像一場馬拉松，你永遠不知道前方會發生什麼事。走出慣常的舒適圈，運動打開了生命另一個精彩境界，勇氣、潛能和毅力超越了年齡，古哥在前做了示範，我們也都可能超越自己。

1 俗稱五一五的「標準鐵人三項」，需在限時內連續完成游泳一千五百公尺、自行車四十公里和路跑十公里的賽事。

2 一一三半程超鐵，需在限時內連續完成游泳一點九公里、自行車九十公里、路跑二十一公里的賽事。

3 二二六超級鐵人賽，需在限時內連續完成游泳三點八公里、自行車一百八十公里、路跑四十二點二公里的賽事。

與國手最近的距離

一月底的一個晴朗週末，一群跑者環繞著台北市花博公園新生園區的周邊道路，一圈接著一圈跑著，有人掩不住疲態、有人似乎進入某種「入定」的木然、有人維持著恆定的速度……，人人不懈地繞圈巡航，終點，還在很遙遠的地方；隨著清晨日頭漸漸高升、到中午的日正當中、再到傍晚的日落，氣溫也隨著時間升了又降，跑者的汗早已濕透全身，隔幾個小時需要換穿乾的衣物，有人腳汗嚴重還需要換鞋，每隔一段時間短暫停腳至補給站補充水分、大口吞下補給，吃了再上，繼續有如倉鼠繞圈圈般的行程。

這裡是一年一度的「台北超級馬拉松」現場，賽事分為一百公里個人賽、五小時接力賽，和六、十二、二十四、四十八小時個人賽，是一項獲得國際超級馬拉松總會（IAU，International Association of Ultrarunners）認證的賽事；賽道就是花博新生園區的周邊環狀道路，內道一圈由國際丈量員精準丈量為六百六十三公尺、外道一圈六百七十五公尺，比標準田徑場的一圈四百公尺長一點，但以「超馬」——距離超過標準馬拉松的四十二點一九五公里的長跑賽事而言，這一圈的長度真的很短，以這項賽事中的一百公里個人賽，若是在外圈跑來計算，至少得跑一百四十八圈。然而，每年台灣熱衷超馬的好手們仍然無怨無悔地年年報名參加，根據報名官網的紀錄，甚至有人連續參加了九年。

李吉仁挑戰台北超級馬拉松12小時賽，向國手資格邁進。

「策略大師」挑戰超馬國手

在這群不斷繞圈圈的意志力超馬跑者中，有位穿著背心短褲、身材精實的壯年男性跑者，不斷被沿途的觀賽者大聲喊著：「李老師加油！大仁哥加油……」，他是被媒體封為「策略大師」的知名管理學者、台大教授李吉仁，「大仁哥」是他參加戈八的大漠花名；在吶喊加油群眾中，他的妻子「又青姊」靜靜站在一張私補桌的後方，眼神定焦在先生身上，每逢大仁哥從圈圈的轉彎處奔來，又青姊隨時準備著遞水、遞運動飲料、送各式補給到汗涔涔的先生口中。又青姊的保冷袋和隨身行李中備滿了各種切好、適口大小的水果，以及各式高碳水食物，以備隨時為先生補充能量。

李吉仁教授這次參加的是十二小時賽，在此之前，他已經連續三年在花博參加台北超級馬拉松，其中兩次是六小時賽、一次是一百公里的賽事，此外，也在六十歲那一年完成了世界六大馬。被稱為「策略大師」的他，是經過一番思考盤算才決定這一次加碼，報名賽事時間倍增的十二小時賽。「我感覺是在自己跑力的射程範圍，十二小時只是從100K的基礎多增加一點五小時左右的距離，應該沒問題。」賽前，大仁哥特別跟有多次超馬經驗的戈友學生交換意見，完成比前一年參加100K更仔細的補給計畫，交給他的私補員——又青姊執行。

台北超級馬拉松成績是國家代表隊選拔的賽事依據之一，其中十二小時賽若能跑到117K就達到國家級標準，有機會成為「國手」。

「後來發現十二小時有國家級的標準，企圖心就變大了，想說這是我這輩子跟『國手』最近的距離，所以，賽前的規劃就以117K為高標，底標為完成100K，中標設在110K。」他很有條理地規劃著。

李吉仁報名的「十二小時賽太陽組」，從早上七點起跑到晚上七點終止，大批也熱愛跑步的EMBA戈友學生分批到場，早中晚為他打氣，還特別製作了加油布條高懸在賽道的好幾個方向，好讓老師繞圈時可以不時看見、激勵自己。

十二小時真的很長，繞著僅六百多公尺的圈圈一圈又一圈跑，是體能與心志的大考驗，高手們在狹窄的賽道一圈圈奮鬥，流著汗水的擦身瞬間應該也有英雄惜英雄之感；為了減緩在內圈跑者左右肌力的不平衡，大會對參加十二小時月夜組（晚上八點起跑到隔天早晨八點為止）以上賽事的跑者有項規定頗見細膩心思：每八小時必須轉向。「只有內道賽程需轉向，同時間在外道之賽程都不轉向，這樣還可以使超馬界短中長程菁英們屢屢碰面，互相交流，提攜打氣」。

由於比賽當天氣溫偏高，李吉仁第一個四小時雖然完全照計畫走，但第二個四小時——上午十一點到下午三點，溫度逐步升高到二十二度，就打亂了他配速與補給的節奏，最後四小時，他估計只要能夠完成40K，就可以達到高標117K，無奈兩腿已經不全然聽使喚，最後，在眾多學生的加油聲中，完成約一百六十九圈的112.725K，距離「國手」的目標只差四點二七五公里，這個結果旁人看已經覺得非常了不起，但大仁哥還是有點失望：「帶點小遺憾完成人生初十二小時超馬的體驗！」

名師的體悟：限制點就是成長點

如今肌耐力和意志力傲人的馬拉松賽道常客李吉仁，是五十二歲時參加了台大EMBA為教職員開設的體適能課程，才開始認識自己的身體，學習跑步；後來以院領導身份參與戈八，跟戈八的兄弟姐妹一起團練、回台後一起參加許多賽事，發現跑步是門學問，完全不如想像中的簡單。第一次跑全程馬拉松時以為自己已有好幾次半馬經驗，到了後半程才知道原來全馬並非半馬乘以二，身體和意志都承受極大的痛苦，勉強撐完還帶回一身的傷痛，於是痛定思痛，深入檢討，以做研究的精神了解跑步和身體機能之間的關係；他領悟了跑步會讓人發現身體的限制點，因此必須先退一步，了解其中每一個環節和身體機能背後的道理，才能跑得長久。

李吉仁也發現，培養長跑能力可以強化心肺功能與肌耐力，讓自己有更多時間與身體對話，找到內在的成長動能，而身體素質就是在了解與訓練的過程中成長。長跑讓他體認「在持續進化的過程中，成長點必然來自於自己內在的限制點，不論是生理或心理上的限制點，如果能夠有效超越，跑者的能力與表現絕對是可以隨著年齡增長而提升的。超越限制點，靠的往往不只是勤練而已，更是對自我內在原動力的激活！」

「跑馬拉松是上天賜給我最好的禮物！」馬拉松讓這位策略名師煥發不一樣的光采，未來將繼續挑戰十二小時超馬的國家級選手標準，另外還將安排第二度挑戰二二六超級鐵人賽，這些精采的運動目標都將有戈友和EMBA學生一同參與，「一起出發，一起到達！」

「肥宅」的一萬公里

看完了幾個很勵志的「老男人」戈友故事，接下來這一位年齡相對很輕，參加戈十一那一年還不到四十歲，勵志情節也不大相同，是在大約一年半的時間裡達成減重七十多公斤的驚人瘦身成就。他是戈十一B隊副隊長愛俐落。

剛進EMBA第一次看到這位大我一屆的學長時，他還是近一百五十公斤、體脂率逼近百分之五十的超重量級身材，外型像小熊維尼、也像漫畫「灌籃高手」裡的安西教練；再遇見他已是近一年後的戈十一團練，他的身型已經大幅縮水，看起來和一般男士的身材差不多，等到從戈壁完賽回台，他更瘦了，原本的圓圓臉變成消瘦的長臉，因為身材變好打扮也變得時髦，身穿窄版合身襯衫或T恤搭配牛仔短褲，儼然是個時尚型男，妻子甜甜地跟我說：「我感覺好像再談了一次戀愛……」。

減重成功之餘，他的運動表現更是突飛猛進，路跑連連破PB，他在運動筆記寫下的兩篇網誌：「從一百四十九公斤到半馬一四九完賽」和「從體脂率破四十到全馬破四」，瘦身前後判若兩人的照片和認真練跑心得受到大批網友點閱分享，所有的人都好奇他到底怎麼辦到的？

始於一個動心起念

「我的意志力非常薄弱，不能靠意志力，意志力總有用完的一天……」

但，如果減肥不靠意志力？靠啥？

愛俐落自小就屬胖胖的身型，體重對他而言從來不是問題，與自己的超重量級體型和平相處，「我能走能跳能吃能睡，人生爽爽過就好，幹嘛減肥？」

一切始於一個偶然的動念……。

考上台大EMBA之後，愛俐落被學校的戶外運動社團「門外社」社長熱情邀約一起跑步，由於盛情難卻勉強答應，到了田徑場卻根本跑不動，走走停停不到一小時就已經跛腳，然而，在「門外社」，速度再慢都沒有人對你施壓，隨時歡迎你來跑跑走走動一動，他就這樣開始一個月一兩次到田徑場走走，不知不覺中，發現自己瘦了三公斤。

全校從老師到學生都瘋壘球，每

愛俐落自製拼圖，對比身型的變化。

個班級也都組了壘球隊練球、比賽，自小喜歡看棒球的愛俐落，儘管體型比別人要大上好幾號，想都沒想就加入班上的壘球隊，然而，體重讓他總是氣喘如牛、步履蹣跚，一次肩膀受傷，使他只能在場邊觀戰加油，幫同學搬搬東西，一天下來不知不覺走了六、七千步，第二天發現竟然走了比前一天更多，有一萬步！隔天上班，一個不留神又走了一萬步！在此之前，走一萬步對他而言可比登天還難，是怎麼想也想不到的事。

那天他在臉書寫下：「竟然有辦法連續兩天走一萬步？讓我們繼續看下去……」。

短短的貼文吸引朋友踴躍留言，其中一則：「要是能持續二十一天就能養成習慣喔，就跟它拼了！」

他果真連續走了一星期，再加上飲食控制，沒幾天居然掉了一公斤！頓時覺得，減肥沒那麼難嘛?!

瘦身有成的愛俐落在妻子的慧心打點下，已成帥氣型男。

連續走滿二十一天，他又開心貼文，這次有朋友留言再加碼：「持續九十天就可以建立恆久的習慣歐！」

受到同儕鼓勵的愛俐落就這樣似乎再自然也不過地展開了「一萬步運動」，並且把走路這件事正式排入行事曆。

就這樣似乎上了癮似的走了整整四個月，曾經一路迢迢從台大走到汐止、也曾從南港走到捷運忠孝敦化站，走著走著他開始嫌走路速度太慢也太耗時，心想若跑步的話應該比走一萬步快些吧，於是慢慢地嘗試流著汗龜速跑，「嘿，原來我也能跑步！」他被自己的步伐鼓舞，開始規律地跑步，發現體重掉得更兇了！

開始對跑步著了迷，愛俐落覺得跑步的過程像禪修，隨著步履漸漸放空心思意念、可以與自己對話或專心聽音樂；工作壓力特別大時就多跑些、多留點汗，不需呼朋引伴，也不需特別的裝備、更不受時空環境限制，想跑多少就多少，不求速度，非常符合他「沒有意志力」，不喜歡以意志力強迫自己的隨性性格。

「開心就好，順順地跑完，爽爽的就好！」

「運動不是靠意志力，意志力總有用完的一天，一開始也不要求速度，你的體能和技術決定了你的速度能多快，千萬不要在很掙扎的情況下靠意志力完成任何運動。」

愛俐落明確認知自己跑步是為了運動與健康，充分享受跑步的過程、欣賞沿途風景，每一趟都舒服地跑完。有了心得與信心以後，他進一步決定參加戈壁挑戰賽，隨著賽前規律的每週二到四次團練，不論體能、跑量、速度都有明顯進步，體型更隨著練跑而一步步明顯瘦下來！

「我瘦的每一公斤都是靠自己的雙腳，沒有捷徑！」他肯定的說。

跑過一萬公里的「肥宅」

大約一年半的時間，愛俐落足足減掉了半個自己，神奇的減重成果「沒有奇蹟，只有累積」；運動會上癮，他常把跑步或騎車等運動成績截圖秀在臉書上，讓朋友們開始和他互相較量運動表現，也激勵了許多不運動的人向他看齊。

戈壁挑戰賽後，他和太太很認真的請了跑步教練鑽研跑姿和技巧，並以科學化的數據分析步頻、步幅、步速、心率……；不到兩年，他的三公里成績，每公里均速從7:45進化到4:31。

數字會說話，即使他仍稱自己為「肥宅」，只要有心，「肥宅」也有變身飛毛腿的一天！愛俐落樂於向跑友分享跑步心得，說明他的跑量一直秉持著「循序漸進」、「避免受傷」兩大原則慢慢增加，在累積了五千公里的跑量後，半馬成績破1:50，在運動筆記發表「從一百四十九公斤到半馬一四九完賽」網誌，吸引了超過七萬五千次的點閱；待累積了一萬公里的跑量後，衡量自己的十公里PB是48:14、半馬又破PB來到1:47:46，全馬應該可以破四了，果然在二〇二〇年台北馬全馬破四，個人成績3:54:06，發表「從體脂率超過百分之四十到全馬破四」一文，又有近四萬次的點閱和不少跑友被激勵的留言。

他很謙虛地寫：「全馬破四對很多人來說可能沒什麼了不起，不過對於一個從小不運動，曾經近一百五十公斤而且體脂率最高時逼近百分之五十的中年大叔來說，跑了一萬公里才突破，真的是件不容易的事情……」。

從前連走路也會喘，如今，飛快地跑對他已是如呼吸般自然而輕鬆的事，「也許有一天我也能跑波馬！」從愛俐落身上，誰還能說有什麼不可能的呢？

賽道上的受精卵

9V在田徑場奮力、無奈地跑著，他的目標是完成三十公里，是他這輩子至今跑過最長的距離。

三十公里是入選戈十一C隊正式隊員的標準，無論如何都得完成，但，其實他壓根兒就不想參加。

天外飛來，另一半送的禮物

當聽到老婆跟他說「9V，我要送你一個禮物，跟我一起參加戈十一！」還搞不清楚「戈十一」是什麼的他，直覺不妙，待了解是要去沙漠跑步，更覺得被拖下水很莫名其妙，然而，老婆說的能不聽嗎？

被老婆拉著去跟她的同學們練跑，沒想到一個個看來年紀不小的哥哥姊姊跑起來可真快，他搞不懂都是公司高階主管的這群人到底為什麼週末假日願意這樣起得大早來跑步？而且一個比一個認真，當自己跑不動時，哥哥姊姊很和善地為他打氣、放慢速度等他，讓他也不好意思半途而廢……。

老婆本就是活潑好動的個性，然而

海派甜心和9V是全隊的開心果。

從未聽她說過喜歡跑步，怎麼一下子就要去跑沙漠呢？他很明瞭她一旦認真了就全力付出的個性，而且沒得商量，心裡雖然老大不樂意這份突來的「禮物」，還是默默收下了，誰叫這是自己選的另一半呢？

9V是馬來西亞華僑，來台發展至今也二十多年，算是半個台灣人；台灣是個充滿機會的地方，再加上認識了心上人、順利成家，兩人同心建立起自己的事業，這樣的發展讓他很感恩。

自老婆唸了EMBA後，生活更忙碌了，工作之餘就是參加學校活動，他倆先一起橫渡了日月潭，接著為老婆的場場壘球比賽加油打氣，沒想到現在居然要長途跋涉到戈壁？

馬來西亞的國球是羽球，也是9V最喜歡的運動，他很享受打羽球的刺激和同伴之間的互動，相較之下，跑步實在太單調無聊了！話雖這麼說，喜歡交朋友的9V還滿喜歡老婆那群戈十一夥伴，大家一起聊天說笑，辛苦的團練似乎也不再那麼苦了。

心思隨著田徑場一圈又一圈地繞圈，必須跑七十五圈，9V已經算糊塗了自己到底跑到第幾圈，雙腿很累但是不敢停，怕停下來喪失去戈壁的資格不被老婆罵翻才怪，直到同樣也在操場測驗的同伴告訴他30K到了，他才上氣不接下氣地停下來。後來聽到朋友笑他傻，才知道自己真傻，這三十公里中間是可以休息的，只要跑完就好。

取得C隊資格後，老婆甜甜地跟他說：「你的花名就叫9V好了，跟你的英文名字Jovi發音相同，很好記！」至於老婆的花名是「海派甜心」，不知是誰幫忙取的，還真是貼切老婆的個性。

體驗日後的小別

去戈壁這件事比想像中要複雜很多，除了練跑，還隨著老婆排練屆時在終點線前的表演、扮裝恐龍，看著老婆為了採購戈十一專屬玩偶而費心忙碌，夫妻倆為了全身的行頭、裝備、琳瑯滿目的補給品更花了不少錢，總算一切就緒飛往千里之外的戈壁，浩浩蕩蕩一群人在體驗日一起跋涉了三十公里，最後換穿恐龍裝引起大轟動的高潮後，C隊一行人就要離開營地，前往旅館了。老婆突然噗一下撲上來緊緊擁抱，頓時讓他心頭也一緊，內心深處有一絲不放心，雖然深知另一半不論何事總是藝高膽大，但，為什麼明明只是暫時分離，三天後就會再相見，會那麼捨不得呢？

他想起前幾屆的參賽夫妻檔，戈八的古哥和莫妹曾在戈壁慶祝結婚三十五周年，還有戈八的寒天、戈七員外等好多人的另一半都是參加C隊，三天後在完賽終點等待另一半。當年，他們短暫離別時，也該是同樣的感覺吧？

瞥見身旁的愛俐落和俐落夫妻檔，也是離情依依，望著營地裡一座座搭好的帳棚，他故作輕鬆狀：「好啦，你們好好在帳棚休息，我們要回旅館睡舒服的床了！」

接下來三天的旅行，C隊去了莫高窟等附近名勝，欣賞千年古蹟，每個人卻都不專心地滑手機，關心在沙漠裡奮戰的兄弟姐妹，台灣的群組更是因為隔海觀戰叮叮咚咚響個不停，生化人緊盯著A隊戰況，到底進終點了沒有？有沒有人掉速？俐落關心著B隊每天的長途跋涉，到底走到哪裡了？大家都好嗎？每當看到群組傳來賽事照片，更珍惜得一看再看，心情隨著各種消息而起伏。

終於到了迎接A、B隊完賽凱旋的日子，C隊早早抵達了終點白墩子，手拿準備好的布條，望穿秋水地搜尋大漠中的點點人影，台大戈十一呢？

自帶晶片的戈十一寶寶

一轉眼，戈壁已成往事，9V雖然仍不那麼喜愛跑步，但隨著另一半和戈十一夥伴一起跑步的歡樂，大夥兒一起報名了跑步教練課，每週一次規律上課，不知不覺也越跑越快了！老婆仍然不改習性，又送了他「澳洲黃金海岸馬」為禮物，逼著他跑了全馬；夫妻倆生活、工作、休閒娛樂全是一起出發，一起到達，同時也盤算著做人大計，然而，醫師判定兩人都是不容易的體質，隨著年齡不小，老婆決定跑完新北市萬金石馬拉松後就要暫時停跑，專心做人。

二〇一八年的萬金石馬拉松，和往年一樣萬頭鑽動，是需要抽籤才能有參賽資格的熱門馬拉松，尤其當年賽事由銅標升級為銀標，格外受到矚目。當天是個晴天，氣象預報氣溫將會漸漸飆高，全馬關門時間為五小時四十五分，他估計練習不夠的自己和老婆應該跑不完。

沒有想到，這場賽事卻發生嚴重缺水的情況。萬金石馬拉松已經舉辦多年，理應很有經驗，但賽道上的補水站卻沒有水，隨著氣溫升高，大太陽毫不留情地直曬在跑者身上，讓大家特別容易感到口渴，好不容易看到補給站，卻發現沒有水供應，令跑者感到不可置信，只好無奈地繼續往下跑，期待前方的補給站有水，沒有想到一站接著一站，都沒有水，渴極了的跑者看到路邊的咖啡店、警察局就湧進去求水喝，但跑者人數實在太多，無法滿足所有跑者的需求，警察們也束手無策，就在這樣混亂的情況下，多數跑者仍憑著馬拉松的毅力和忍耐精神，一路強忍著乾渴的喉嚨跑到終點。

9V果然體力不支，30K左右就上了回收車，當看到老婆和同伴無雙在關門時間前奔進終點拱門，兩人忙不迭地痛訴無水可喝的慘況，不得不佩服她們的意志力驚人！

萬金石驚魂後沒多久，海派甜心到醫院檢查，發現竟然「有了！」而且已經懷了好幾週……，「那……跑萬金石時，寶寶豈不是在肚子裡了？」想到耐著口渴的同時，肚子裡的寶寶也同樣渴，9V和海派甜心就捏了把冷汗，小心翼翼維護著肚裡的小

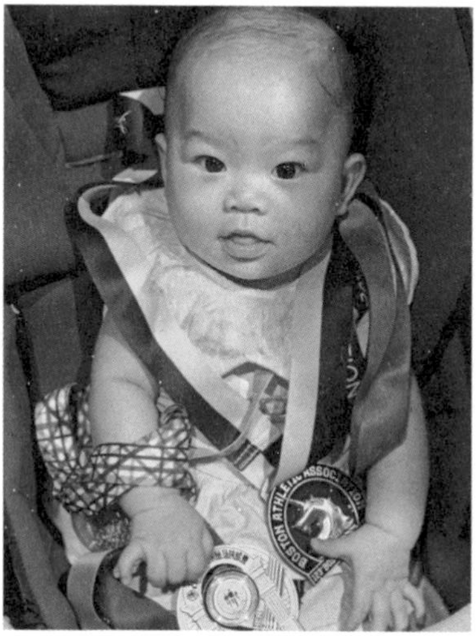

戈十一寶寶Karen未滿七個月時，身上掛滿叔叔阿姨的馬拉松獎牌。

生命，九個多月後的清晨陣痛，急急趕到醫院準備生了！

也許是第一胎比較不容易，海派甜心從清晨等到半夜仍然沒動靜，在沙漠玫瑰、邁修羅和天行者陪伴時，冷不防聽見老婆說：「你芝加哥馬報名了沒？」

「蛤？」都要臨盆了，講什麼芝加哥馬呢？甜心絲毫不放過地轉向同伴：「玫瑰妳幫9V報名啦，我們大家要一起去跑！」我拿起手機很快操作到最後一關，問了9V的信用卡號碼，「報好了！」

甜心隨即感到陣痛，護理師進來將她推進產房。

如果不是有戈十一夥伴陪伴，9V只有一個人在產房外痴痴等候，家人都在馬來西亞，還好有戈十一兄弟姊妹……。最後醫師決定剖腹，小娃娃終於出世了！9V進入產房，望著看起來一點也不累的妻子和皺著小臉的寶寶，發現寶寶右腳腳背有個深色的小胎記，那位置約莫就是跑馬時繫在鞋帶上的晶片位置，這是多麼奇妙的巧合！

被稱為「戈十一寶寶」的小Karen今年就要滿三歲了，頭好壯壯活潑又健康，甜心說，這個小孩應該從小就讓她練三鐵！那可不？自帶晶片的寶寶，還在娘胎就跟著媽媽在炎熱口渴的賽道跑馬拉松了，她肯定是個天生會跑步的戈十一寶寶！

勇氣

想要更好，想不一樣，想再超越

從B咖升級A咖的貴婦

格格在家裡新買的跑步機上揮汗跑著，這是無動力跑步機，下方的履帶必須靠跑者的肌力帶動，相較於一般跑步機要費力許多，因此並不容易駕馭；跑完十公里已是一身大汗，她再搬出瑜珈墊，跟著線上教練賣力鍛練核心肌群和臀、腿肌力，一套課程下來全身爆汗到瑜珈墊也濕了，疫情期間，全台路跑賽事都喊停，她仍然維持每天積極勤練，這樣的光景，以前可是任誰也想不到。

酒後的承諾與跑衣的誘惑

參加戈壁挑戰賽前的格格，出了名的「只要能開車絕不走路、只要能躺能坐絕

格格自戈壁返台後，高票當選戶外運動社團一門外社社長，跑步已經成為她的日常。

不站著」，一身裝扮總是華麗貴氣，是公認的「貴婦」。一次與同學的酒聚，大夥兒笑鬧著一起去戈壁，當時正值戈十三招募隊員期間，常聽熱情的學長姊召喚，而且去戈壁好像是件滿酷的事，如果跟好朋友一起去，不是很好玩嗎？眾人帶著酒意乾杯，後來卻只有她一個人記得這個酒後的承諾，到田徑場一看，怎麼說好的一個人也沒來？她摸摸鼻子，想說來都來了，就跑跑看吧。

戈十三B隊的四天戈壁之旅，跑得慢又常受傷的她，四天都由夥伴扶持，身體的痛苦歸痛苦，團隊氣氛卻是極其歡樂，同甘共苦的全隊如同兄弟姊妹般地回台，為了回饋隊友的照顧，她繼續投入戈十四幹部團隊的服務工作；某一天，看到A隊穿著漂亮的跑衣在操場神氣地練跑，心底突然升起一股羨慕，那跑衣真是漂亮！只有A隊才能穿？她偷偷地去買了一件珍藏，心裡模模糊糊想著，如果有一天進A隊就能穿了。

埋藏於心底的想法，有時想著想著，會逐漸成為某種執念，如果遲遲不去做的話，那執念會在心裡作用著，讓人忽略現實中的種種顧慮。

戈十四將是台大參加戈壁挑戰賽的第十年，過去從來沒有任何一個人從B隊升級到A隊。格格偷偷跟戈十四執行長鐵人說，「你來訓練我吧，但先不要跟別人說喔！」鐵人見她有心，在團練之外介紹了健身和跑步教練，原本四體不勤的格格就這樣為了想穿上那件帥氣跑衣而認真練習了起來。

跟著自己的心走，全力以赴

沒有想到，穿上那件A隊跑衣會這麼難。賽前十個月，因為肌力不足所受

兩度挑戰戈壁讓格格擁有恆久熱情和強烈決心的「恆毅力」。

的傷不曾斷過，訓練、受傷、停跑、復健治療、訓練、又受傷的過程周而復始、不斷輪迴似乎永無休止，讓格格不是在練跑就是在治療的路上，其中後十字韌帶的傷更反覆纏繞著她，不惜忍痛前前後後打了十來針，什麼PRP[1]、震波、注射高濃度葡萄糖等方式全試過，就求積極治療能盡快痊癒、恢復練跑。

一個有風有雨的颱風天晚上，格格摸著黑出門練跑，空無一人的河濱，唯有自己的腳步聲相伴，在淒風苦雨中吃完課表。隔天一向黏她的兒子問：「媽媽，昨天颱風天我好害怕，妳為什麼最近都不陪我睡覺？」聽到兒子的話讓她心都碎了，為了訓練，好久沒有陪兒子，只能試著吐露心聲：「當媽媽下定決心要做一件事情的時候，就必須排除萬難努力付出，不管結果是否成功，重要的是付出多少，有沒有為自己設的目標努力……」。

她忘不了兒子似懂非懂的眼神，心裡默默承諾賽後一定要好好補償寶貝。

回憶當時心路歷程，格格說：「我跟著自己的心走。」想要成為什麼樣的自己？唯有用心去追，堅持到底！告訴自己：一切在於決心強度與渴望程度，跟所謂的「能力」無關。「我沒有退路，唯一能做的就是全力以赴！」

通過賽前最終測驗，格格如願入選A隊，和另一位「超殺女」是A隊唯二的女生，她知道挑戰要開始了，自己真能征服桀驁不馴的大漠？競賽日前一夜，安眠藥仍無法使她入眠，帳棚外的滿天星斗可知內心的焦慮？

穿上A隊帥氣賽衣站上起跑線，格格和隊友懷抱堅定必勝的決心，很快衝了出去，戈十四的競賽路線和以往不同，第一個競賽日就穿越風車陣，A1和A2各五人很快拉開了距離，抵達CP2時，格格緊張地問：「時間有沒有delay？」聽到「比計畫中快四分鐘」，她的心先安了一半，為自己打氣，剩下的17K要繼續加油！

然而沒有多久，格格的速度明顯慢了下來，兩個男隊友輪流推她，那時正是烈日當空，跑在鹽鹼地裡感覺整個人快被蒸發，就這樣不知道跑了多久，所有的人都累了，終於進入最後的產業道路，她心裡明白已經落後，可是腳跟身體都十分沉重，隊友提醒她趕快補給，格格很想停下來，但是不能，已經落後了，告訴自己：「絕對不能停！」手忙腳亂從腰包裡摸出補給，竟然只拿到皺成一團的空補給包，來不及了，這樣速度會掉，不吃了，衝吧！

視線越來越模糊，身體開始偏向一邊……，不妙！血糖正在急速下降，想要力挽狂瀾，卻是無力回天，再也跑不動了！禁不住大聲嘶吼，這時A1的夥伴滅克奇蹟似的出現身邊，來回輪流推著她和超殺女，於是格格用全身僅存的最後一絲氣力，抓著隊友的手，四人一起衝線！

過終點線後眼前一陣昏暗，幾乎要昏倒，隊醫和隊長立刻扛起格格進帳，當下她已是無法言語，連灌了一瓶可樂跟王老吉才終於回神，第一句話就趕快問，「有沒有幫上忙？」知道進了前六名才露出笑容，但她心裡明白自己是被推著勉強進入前六名，隔日將是難度最高的一天，要連續再戰恐怕很吃力。

「原來我的堅強如此脆弱」。她心想，自己應該是史上最弱的A隊隊員吧。

競賽日第一天成績不理想，當晚的策略會議氣氛凝結，每一個人的表情都很沉重，帳外黃沙不斷呼嘯，她藉故去上廁所，緩解情緒。

夜裡的風特別強勁，和前一年戈十三遇見的八級狂風一模一樣，不禁特別想念戈十三的姊妹淘……，去年此時，和姊妹們痛苦而快樂地並肩踏在賽道上，沒想到今年竟又來挑戰競賽組，十個月的努力就是這樣嗎？我真的不夠強嗎？帳外的風，像要吞食整個世界，明天自己會被這片大漠吞噬嗎？

輾轉一夜難眠，競賽日第二天清晨，格格起得特別早，獨自坐在公帳的角落，心情非常複雜，沒有辦法思考也無法呼吸，心臟急速跳著，發現自己在冒冷汗；A2隊友朝著她走來，以堅定的眼神和口吻說：「我們一起出發，一起到達！」當下令格格激動得說不出話來，除了感動夥伴不放棄自己，還有更多更多的感謝……。

「最弱A咖」的逆風拚搏

跑步對她從來不是容易的運動，她很慢熱，總要跑5K後呼吸才能順暢，10K後身體才能放開，既然隊友對她不離不棄，無論如何自己一定也不能放棄，哪怕耗盡最後一絲力氣也要拚死一搏……。

出發了！格格咬著牙，一路拚命跑，身旁兩位男隊友輪流負責推，好不容易終於到了CP3，還差前面的超殺女四分鐘，在CP必須強制休息五分鐘時，格格心裡很急，五分鐘一到立刻衝出去，但沒多久聽到耳機裡傳來十萬火急的聲音：「掉了！掉了！後面全掉了！」

像是聽到晴天霹靂一般，感到心如刀割，格格後悔極了，不該讓隊友跟最弱的自己一起出發，一起到達，他們應該放棄她向前衝，去支援比她更快的超殺女才對，此時身邊的夥伴開始向前衝，要奔去救援超殺女，格格在內心喊著：「你跑快點，跑快點！」

她還是繼續跑、不能哭不能放棄，努力試著想追上，此刻八級逆風大作，眼前一片混沌黃沙，分辨不出哪裡是天、哪裡是地……。

逆風中，身體誠實告訴她再也沒有力氣跑了，內心也不斷自責「我失敗了……」。

這一天最長的三十二公里，在無比痛苦艱難中跑完。通過終點後，她沒有心情參加策略會議，回到私帳與傷心共處，今晚的戈壁特別安靜，只

競賽日第一天奮力衝線後，格格已近乎昏厥。

有天上的星星默然俯視著營地。

最後一天，像是做夢一樣跑過一望無際的廣漠，天氣特別好，偶爾一陣輕風捲起黃沙，吹向身後越離越遠的戈壁，前方就是終點了，可以看到領先的夥伴正等待著自己。完賽後再也忍不住抱頭痛哭，覺得欠團隊一個道歉，我應該練得更好更強，而不是那拖累團隊的人！

戈壁啊戈壁，唯有真正經歷過你，才懂那種情懷，天大地大間看見自己的渺小與不足，卻也看見另一個不一樣的自己，我不夠強，可是我將會更堅強！

「史上最弱A咖」當年高票當選為社員超過五百人的戶外運動社團「門外社」社長，運動成為格格的日常，皮膚曬成了一身古銅，原本纖細如同「鳥仔腳」的雙腿鍛鍊成漂亮的線條，如今不管穿什麼跑衣都很神氣；半馬PB早已破二，就等待疫情過去的全馬讓自己再創佳績，朝二〇二三波士頓馬拉松的目標前進。

《恆毅力：人生成功的究極能力》（*Grit: The Power of Passion and Perseverance*）[2]是格格最喜歡也最有感的一本書，擁有恆久的熱情、強烈的決心，遇見失敗也決不放棄，這種熱情與毅力的結合就是「恆毅力」。她意外發現，身教讓兒子也開始對自己感興趣的事自主學習、不輕易喊停。「我要鍛鍊自己更強壯，延長陪伴兒子的時間！」在無動力履帶、有如爬坡的跑步機上不懈地跑著，格格不只是眾人眼中的貴婦了，她掌握了生命中更珍貴的力量。

---

1 PRP是Platelet-Rich Plasma的簡稱，中文稱之為「自體血小板免疫血清回輸療法」，或「自體濃縮血小板注射」。

2 《恆毅力：人生成功的究極能力》（*Grit: The Power of Passion and Perseverance*），安琪拉・達克沃斯（Angela Duckworth）／著，洪慧芳／翻譯，天下雜誌／出版。

從茫茫戈壁到246K斯巴達松

斯巴達松（Spartathlon），光看名字就覺得嚴酷，再看到246K這樣的天文數字，等於差不多是六個全馬的距離，到底是一場多折磨人的馬拉松？根據維基百科的描述，西元前四九〇年，希臘士兵菲迪皮德斯（Pheidippides）在波斯對希臘的馬拉松之戰（Battle of Marathon）中奉命從雅典跑到伯羅奔尼薩半島上的斯巴達（Sparta）求援，這位長跑好手花了一天半的時間跑了二百四十六公里完成使命。一九八二年時，一位英國空軍軍官、同時也是長跑健將的約翰．佛登（John Foden）為了證實當年的這項驚人紀錄是否真的可在一天半內達成，和四位軍官一起飛到希臘，從雅典跑到斯巴達，結果其中三位分別以三十四、三十七和三十九個多小時跑完了二百四十六公里；隔年一群熱心人士組織了第一屆斯巴達松賽事，參賽者必須在三十六小時內從希臘首都雅典的地標衛城（Acropolis）山腳下出發，跑完全程

246K，抵達斯巴達。

每年九月底舉辦的斯巴達松，吸引全世界的超馬好手報名參加，以至於參賽資格越趨嚴格，一百公里成績必須在十小時半以內、二十四小時賽成績必須在一百八十公里以上、一百英里必須在二十二小時半以內達成，再從符合以上成績的好手中抽出全球僅四百個名額，競爭非常激烈。然而賽事難度之高，除了得在連續三十六小時內跑完二百四十六公里，還得面臨日夜溫差高達三十度的挑戰，每年大約只有三分之一的選手可以完賽。

戈十二夥伴心靈相隨，挑戰斯巴達松

戈十二的「賴打」——賴國揚，在完成戈壁挑戰賽的隔年參加了第三十六屆斯巴達松，當年總共有八位台灣選手參賽。斯巴達松是他踏入超馬世界後心中的夢幻賽事，為了取得參賽資格，他連續三年報名二十四小時賽，但是前兩次都功敗垂成，直到第三次才在台北花博舉行的「台北超級馬拉松」二十四小時賽以一百九十點二八一公里的成績達標。

斯巴達松全程有七十五個檢查點（Check Point，簡稱CP），賽程中的每個路段都有相對應的時間限制，跑者一旦超過時限就失去資格，是一場「跟自己比賽」的漫長旅程；除了對體能是嚴酷的考驗，更會啃噬人的心靈，隨著里程數逐漸耗損身體和心理的能量，途中任何身體或環境的變化都可能隨時讓跑者陷入負面思惟的黑暗，必須全力攻克跑不下去或棄賽的念頭，在在考驗著跑者「我要跑贏我自己」的心志。

賴打深深記得，從雅典沿著愛琴海跑到柯林斯運河，來到CP22時，已超過80K，原本該是寶藍色的美麗愛琴海因為陰雨的天氣而成了一片迷濛的灰藍，腳下的跑感卻讓他彷彿回到蒼茫的戈壁大漠，此刻的配速，不正是戈壁挑戰賽競賽日第一、二天的配速嗎？現下是一個人的孤獨旅程，內心卻彷彿與曾經齊心協力的戈十二夥伴同在。擔任戈十二A隊隊長的賴打，在競賽日那三天推著隊友跑到終點

戈十二A隊右起賴打、達摩、鋼鐵王在賽道衝刺。

戈十五「十連峰，一起瘋」在汗水和歡笑中又攻克一峰。

得來不易的完賽獎牌，滿是汗水與淚水的喜悅。

戈十四A隊格格用最後一絲氣力和隊友一起衝線。

強行者有志，專注於目標，必能達標。

即使完賽後必須以輪椅代步仍然無怨無悔。

客拉客：「一起出發，一起到達」是種陪伴，我知道永遠有人等我。

75 Jeep

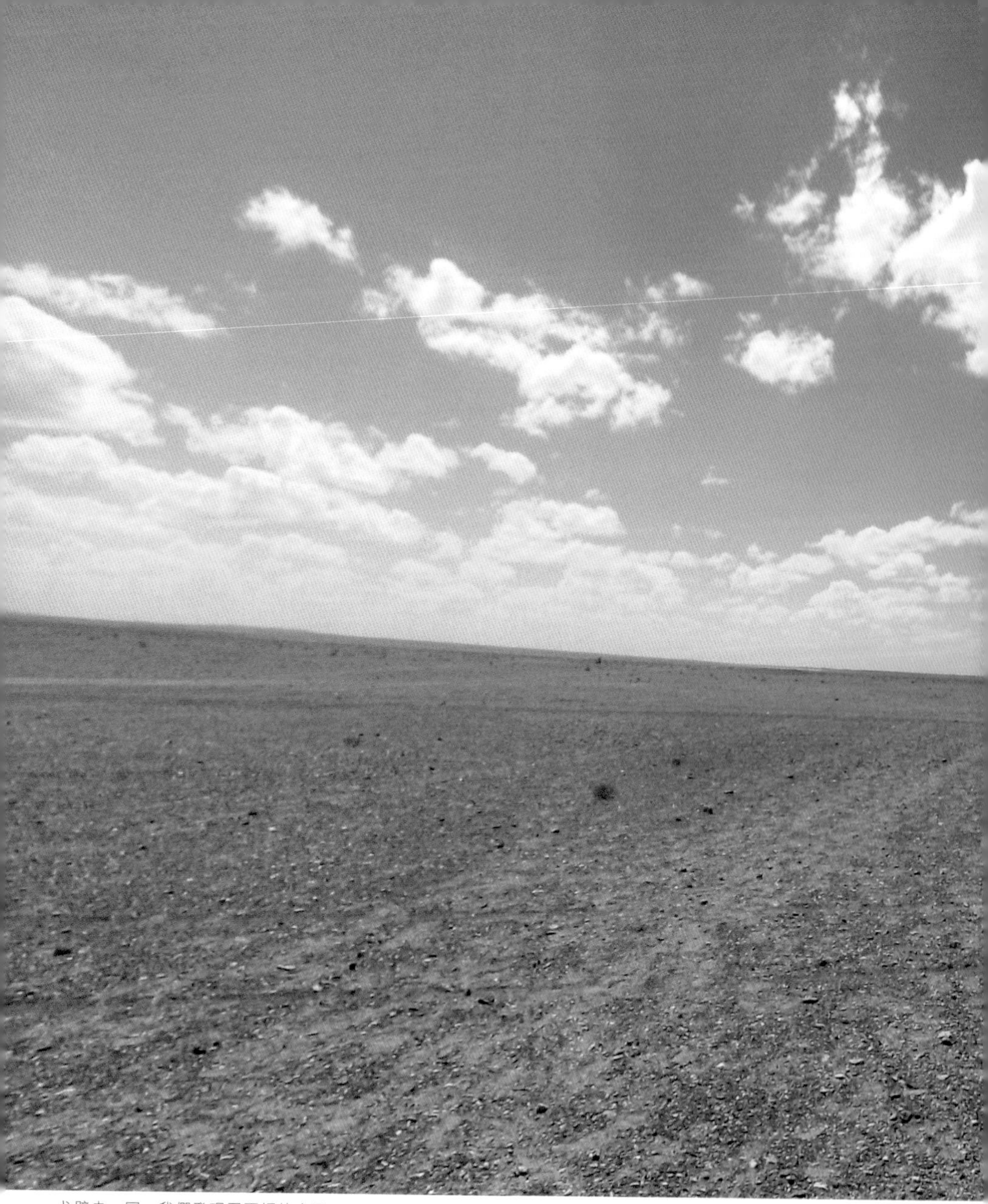

戈壁走一回，我們發現了更好的自己。

跟著我們的腳步，一起走一趟「玄奘之路」吧！

時，隊友已是氣力耗竭但喜極而泣的畫面，此刻像電影一樣歷歷在目，「那是會記得一輩子的畫面！再也不會有這樣的比賽了，不是靠任何一個人強，而是大家團結在一起，每一天面對無法預料、不同的狀況，一起出發，一起到達……」。

超馬是一個人的比賽，賴打卻從戈十二群體的力量獲取更大的動能，取得斯巴達松資格的二十四小時賽，就是戈十二隊友到場加油打氣給他不斷前進的力量，即便此刻獨自在天氣惡劣，雨勢不斷、狂風大作的挑戰斯巴達松途中，一個個戈十二夥伴，平均年齡四十七歲，跑步經歷有限卻總能忍著痛苦練習的堅決身影

冒著風雨跑在斯巴達松的賽道上，終生難忘！

不斷浮現心頭，陪伴著逆風中的自己，往最終目標——斯巴達國王列奧尼達（King Leonidas）的雕像前進。

落石、強風、無情雨，超馬太虐心

沿途CP雖有可以暫時闔眼休息之處，但賴打無論身體再疲憊都不敢睡，根據以往的經驗，即使小睡片刻都可能導致失敗，前功盡棄，「絕對不能停，寧可走也不能停下腳步，只要不離開賽道就贏了！」為了斯巴達松，賽前他的月跑量已練到800K，更進行意象訓練、耐熱耐寒訓練，並模擬夜間跑步的種種情況，讓身心都能適應日常不習慣的跑步型態，還要訓練身體能在低心率、半飢餓的狀態長跑，一切努力都為了確保參賽時無論遇見任何狀況都能跑得起來。

160K是賴打的崩潰點，前面經過了賽道最艱難的一段，黑夜中的山路，亂石遍野，他和身邊的同伴——曾三度參加斯巴達松的超馬老手黃崑鵬，手腳並用地在爬升一千公尺的山路奮鬥，正當在無盡的黑暗中沿著懸崖邊坡前進的瞬間，大量落石突然從上方崩落而下，巨石掉落的轟隆巨響深敲在疲憊的跑者心上，既驚心又駭人，更糟的是讓同伴黃崑鵬摔了一跤，此時已經奮戰了將近十九個小時，賴打想著與戈十二夥伴「一起出發，一起到達」的精神，不論如何希望與受傷的黃崑鵬繼續前進。

然而，同伴的這一跤看來非常不妙，黃昆鵬只要一跑就會摔倒，他的雙手滿是傷痕、身上處處水腫嚴重，勉強一起又向前奮進了二十公里，最後黃崑鵬在萬般艱難的情況下決定棄賽。

繼續獨自一個人的旅程，前後看不見任何跑者，苦撐的心有如巨大的空洞，已經無法思考，肉體也開始不停地嘔吐，雖然賽前已經為打造「鐵胃」長期鍛練，不斷嘗試不同食物，然而當地的補給味道太過怪異冰冷，他只有試圖運用心裡的力量接受胃部的強烈不適，此時他想起戈十二的兄弟姊妹為了拚前六名硬ㄍㄧㄥ的一張張臉，那些溫暖熟悉的面孔，賽道上無以倫比的默契、賽後彼此的激動相擁，一幕幕難忘的情景重複在腦海中播放，「這才是作戰！」賴打握緊了拳頭，他始終認為戈壁夥伴一起為團隊目標而付出是股無形的強大力量，正因為這股力量一屆一屆地傳承才使得台大團隊不一樣，而此刻也是因為這來自於遠方無形的力量支撐自己來到最後的下坡段。

本以為下坡路段可以輕鬆些，沒想到卻突然颳起強風，四方無處可以遮蔽，感覺自己幾乎要被吹走，在大自然面前，人類何其渺小！此時一位高大的德國選手出現眼前，兩人抱在一起才能頂著強風繼續向前行。

就快要到終點了！賴打原本打算在終點前最後一個CP變裝為斯巴達戰士，高舉國旗衝進終點線，但遲遲看不到CP，再加上強風和雨勢使他冷到發抖，只好以最真實的模樣進終點。後來才知道強風把所有選手預先放置的裝備全都吹走了，CP只好撤站。

「跑到最後，腿已經麻痺了，知道痛苦即將結束，非常高興，越跑越起勁，速度又可以加快很多；可是想到比賽要結束又是非常捨不得！」如今回憶帶著一身汗水和淚水激動親吻奧尼達斯國王雕像的大腳，心中依舊悸動不已，當年僅二百四十人完賽，來自台灣的八位選手有六人完賽，再一次突破了自我極限！

鍾情超馬的賴打有句口頭禪：「標馬有限、超馬無限」，組了台大超馬團，帶領更多人探索超馬的世界，剛當選最新一任台大戈友會會長的他，還興致勃勃地規劃，疫情後將鼓勵戈友學長姐繼續挑戰只有老戈友才能參加、難度更高的A+

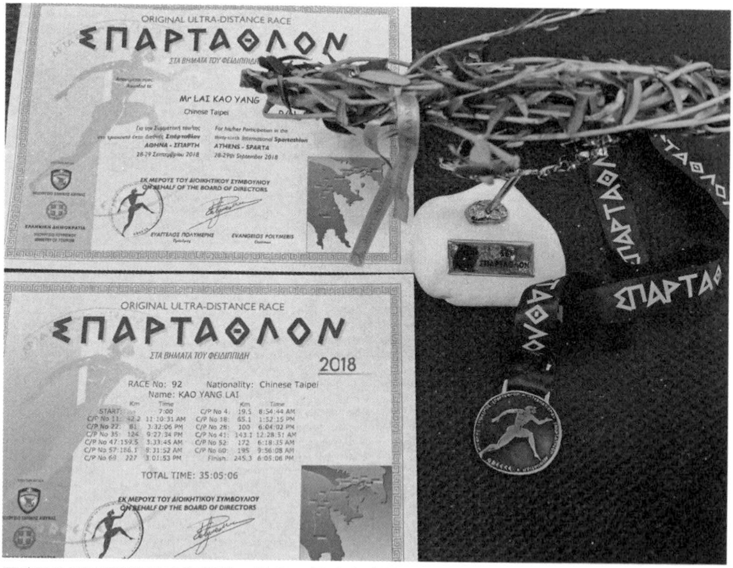

得來不易的斯巴達松完賽獎牌、桂冠、證書和成績單。

組——連續二十小時不間斷、自導航挑戰一百一十四公里的賽事。

「如果無法成為最快的，那就成為跑最遠的吧！」熱愛超馬的賴打下一個目標要挑戰有「全世界最艱難賽事（The World's Toughest Footrace）之稱的「惡水超級馬拉松」（Badwater Ultramarathon），參賽者必須在四十八小時內，完成一百三十五英里（約二百一十六公里）；每年在最熱的七月份舉辦的這場賽事，起點在加州死亡谷（Death Valley）附近，屬沙漠氣候，氣溫最高可達攝氏五十度以上，跑者必須跑在公路的白線上，否則跑鞋的鞋底會熱到融化。

超馬的極致虐心、痛苦與快樂，他享受著。

沒有戈壁的一起出發，一起到達

戈十四完賽當晚的慶功宴，花名「十四戈」的A隊隊員Anderson被所有夥伴熱烈推舉為下一屆戈十五挑戰隊的執行長，霎時歡呼聲不絕於耳，人人口稱「安執」表達恭賀，從此幾乎沒人記得他的花名是「十四戈」，而以「安執」取代。

原以為跑到終點後就是此行的終點，沒想到還有續集？難道這是冥冥中註定的？安執還記得自己剛入學，參加EMBA新生活動的營會時，看到戈壁挑戰賽影片的心中悸動，那是他生平第一次聽說這個賽事，從不運動的自己竟莫名心生嚮往，因此，在營會中的一項封存「時空膠囊」活動，他寫下兩個願望：想參加戈壁挑戰賽、想交到好朋友，放進三年以後的畢業典禮才會打開的時空膠囊中。沒想到，第一個願望在入學不到一年就完成了，而且現在看起來，自己與戈壁的緣分還將是未了的進行式。

眾望所歸，停不了的戈壁情緣

為了參加戈十四，多數原是運動門外漢的夥伴經過大半年的訓練和四天在戈壁大漠一起吃沙、一起奮戰的甘苦，早就培養大夥兒情同兄弟姊妹，為了交到更多好朋友，安執不但每一次團練從不缺席，也因為觀察到A、B、C隊之間，不如同隊來得熟稔，因此也刻意和B、C隊積極互動；過去自己的個性比較內向，但自從進了EMBA，為了實現最初許下的願望，就決定要朝著目標堅持下去，務求「做到好」。也正因為這樣，夥伴們都感動於他的投入，賽事結束後很有默契地公推他為下一屆執行長的不二人選。

安執先網羅戈十四成員籌組戈十五幹部團隊、擔任「熱血陪練員」，並透過完善的組織和團體的力量培植戈十五新血。他深知挑戰隊培養的過程中，每個人跑力

戈友們都覺得，戈十五挑戰隊如此強大，沒上戈壁太可惜了！

不一，會導致出席率與心態不同，跑得好的會覺得不必跟大家一起練，跑得慢的容易失去信心，因此他以點名制，鼓勵出席率高的前幾名可以獲得小禮物，透過每一次團練累積的點數達到門檻，才可入門成為「挑戰隊B隊預備隊」，如此一來，想參加戈十五者非來團練不可，否則就無法成為預備隊員；再者，不管跑力如何，最初大家的起跑點都相同——從B隊預備隊開始，大夥兒因此不分彼此，不知不覺產生認同與團隊情感。

在戈十五B隊預備隊員群組中，大家分享團練心得和跑步知識，一起成長。「戈十五越跑越快了！只要出發，就會到達；只要來練，就會進步。」二〇一九年台北馬，戈十五團隊一起穿著紅色的隊服，依不同配速分梯一起出發，一起到達，讓許多隊員完成了成績不俗的人生初馬。

疫情也擋不住的熱情

然而，二〇二〇年初，新冠疫情爆發，悄悄在全世界蔓延，戈壁賽事主辦單位決定將原本每年五月舉辦的比賽延至十月，隨著疫情的不確定性升高，旁觀的老戈友不禁也懷疑，今年去得了戈壁嗎？眼看著挑戰隊的熱情始終高昂，不論平日週末，他們總是服裝整齊、精神抖擻，A、B、C隊各自依速度分群練跑，一串串紅衣人龍在田徑場、河濱、山間和海邊出沒，跑者群中一眼就可以認出是台大戈十五團隊，身材也越練越精實，跑力越見剽悍，這麼棒的團隊如果沒去戈壁拚一波真的太可惜了！

能否赴戈壁在未定之天，挑戰隊的士氣一點兒也沒受影響，只要和他們一同跑過，就會感受團隊強大的凝聚力；感情越來越好的他們，以「堂口」為名，分成好幾個小組：「龍發堂」、「健速堂」、「必勝堂」、「搞什麼名堂」……，令人發噱的堂口稱號兜起一個個小群培養更濃的情誼，疫情也擋不住他們的活力和向心力，自動在週末假日發起挑戰度更高的長程訓練。[1]

十連峰，不厭亭……戈十五山路跑不停

五一勞動節假期的長週末，清晨七點，當大多數人還在酣睡時，穿著紅色跑衣、揹著水袋的他們，已經在風櫃嘴登山口集合，展開「十連峰，一起瘋」長征；所謂十連峰是陽明山東西大縱走中從頂山、石梯嶺、竹篙山、七星東峰、七星主峰、大屯主峰、大屯南峰、大屯西峰、面天山到向天山的十座山峰，全程約二十五公里，一般山友估計走完全程需時十到十二小時，但戈十五成員計畫全員「一起瘋」，以跑步完成。眾人踩著數不盡的石階、踏著蜿蜒起伏的山徑，不能跑的地方以快走通過，能跑的路段就吆喝跑起來，部分路段還需要繩索輔助上下坡，就這樣一路流著汗水、瞭望著遠方的濃雲和青翠山頭，征服了一峰又一峰，每到一個山峰就拿出戈十五隊旗來張神氣的大合照，全程由很會邊跑邊拍的高手錄下大夥兒充滿鬥志與笑容的身影，在大約八小時後抵達了第十峰向天山，再次證實了「一群人可以跑很遠」的這句跑者真諦。

相較於歷屆挑戰隊，戈十五的花樣算是最多的，而且特別偏愛難度高的山路，

無畏越來越熱的天氣，在十連峰這樣令人咋舌的活動之後，又一舉延著寂寞公路攻上不厭亭，再好幾度到貓空、烏來的曲折山徑探險，距離自二十公里起跳是家常便飯，認真維持訓練的節奏與強度，讓許多老戈友打從心裡佩服這群還沒上戈壁就展現堅強實力的「年輕人」。

每一次的山路訓練解鎖，安執會在群組裡鼓勵大家，讓大夥兒更有信心：「老實說，今天的路線比我預期的長，難度也頗高，實際跑完我覺得跟戈壁的感覺很像，長度夠，而且要緊盯地面注意落足點以免跌跤或翻船，時常有關卡必須互助才能通過。今天能完成，去戈壁就輕鬆了，大概就是這種難度。」

雲備戰、雲戈賽，戈十五線上PK

在此同時，賽事組委會展現創意，發起「雲備戰」線上競賽活動，以運動打卡方式鼓勵各校比拚里程數，依實際賽事每天會經過的重要地標設計了「突圍鎖陽城」、「偷渡玉門關」、「守禦崑崙障」、「勇奪黃谷驛」這四關，提升活動的趣味性。安執立即在挑戰隊群組中提點打卡「戰術」：早跑早打卡、跑完馬上打，隨時打卡、想到就打；勤練不輟的隊員們自然是積極參與，群體的奮進力量帶動每個人拼命打卡，闖過一關又一關，讓台大不論打卡數或里程數始終名列前茅，線上競賽的激烈氛圍，讓團隊雖然還沒有上戈壁，已經宛如在前往戈壁的路上。

接著，組委會又發起一項兩校聯合線上競賽，安執主動找了政大戈十五挑戰隊組成「台灣狼」隊伍，兩校強強聯手，為台灣爭光，把台灣的參賽氣氛也炒熱了。

在隔空較勁的熱情中，疫情仍阻隔了台灣隊伍的實地參與，戈十五這一屆賽事對於台灣各校而言確定是一場沒有戈壁的挑戰，組委會發布與實際賽事日期──十月一日至四日的四天線上「雲戈賽」規劃，需在這四天內完成一百二十公里的距離才算完賽。換算每一天要完成三十公里、連跑四天，比實際賽事還硬。

為了創造團隊在這一段一起努力的時日後能有完美的句點，安執與幹部們認真

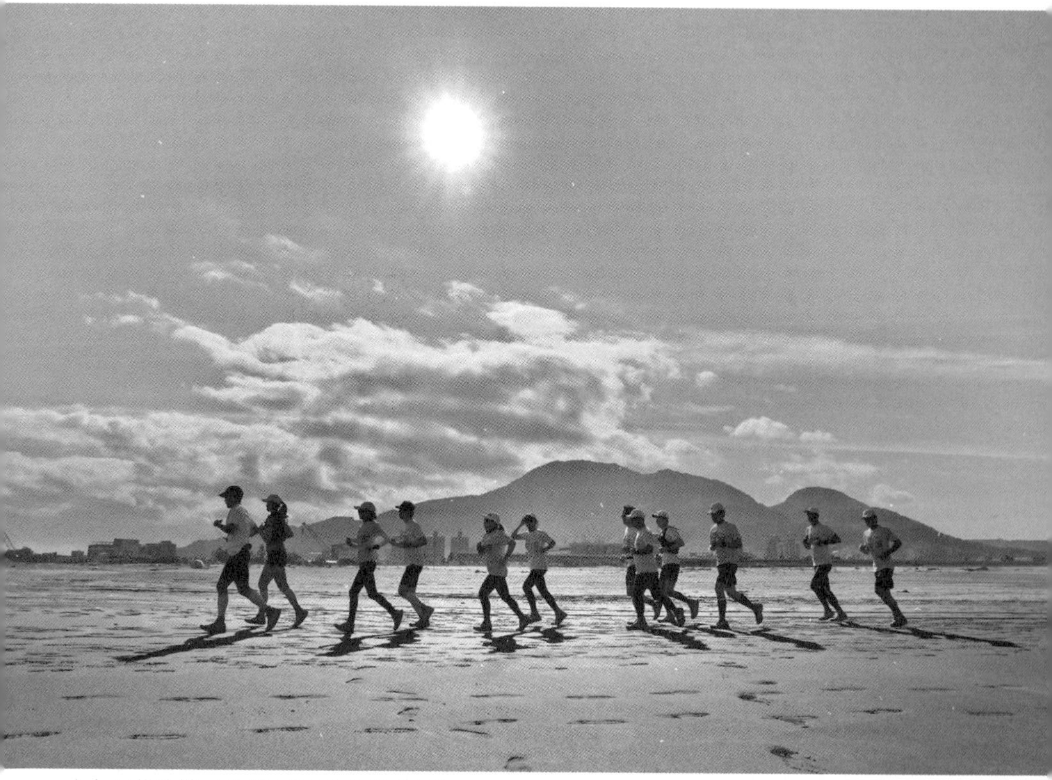

戈十五延期舉辦，挑戰隊不畏夏季驕陽勤練不輟。

規劃了雲戈賽四天的跑步路線：第一天由福和橋河濱跑向社子島來回、第二天由內湖河濱經圓山、彩虹橋來回，第三天跑碧潭河濱經碧潭橋來回，第四天在台大校園跑完三十公里後，於傅鐘附近設置和實體賽事一模一樣的紅色終點布條。

頂著十月依舊居高不下的氣溫，參加「雲戈賽」的台大戈十五挑戰隊，連續四天穿上正式賽事的全套裝備，依著不同路線與景致，為自己寫下最終的紀錄，就連在中南部的隊員也分別在各自的所在地「連線」，跑完這如同體驗日和三個競賽日的一百二十公里。當最後一天，在台大衝過終點紅布條時，大夥兒難掩激動，為這場最終沒有戈壁的特殊旅程既笑又淚！

戈壁仍是未竟夢想，戈壁的魔力依舊在，戈十五挑戰隊的這趟旅程雖有遺憾，但過程中自創了無數美好回憶，「雖然沒有去戈壁，但戈十五夥伴都自認是『戈友』了……」安執悠悠道出團隊的心聲。

最後有二十位挑戰隊隊員成功完賽，台大也獲得組委會頒發雲戈賽團體獎第一名獎盃。

「戈壁一直都在，我們一定有機會踏上玄奘之路！」

「通過戈十四終點線的時候，我以為已經到達終點，沒想到卻是『中點』，現在回想起來，我很慶幸自己有這段戈十五執行團隊的歷程，因為它完整了我的戈壁之路，值得！」

1 當時為二〇二〇年四、五月份，台灣尚未進入三級警戒狀態。

人生的一堂運動課

「曾經多少次跌倒在路上
曾經多少次折斷過翅膀
如今我已不再感到彷徨
我想超越這平凡的生活

我想要怒放的生命
就像飛翔在遼闊天空
就像穿行在無邊的曠野
擁有掙脫一切的力量……」

我在台北田徑場練跑，正練得氣喘吁吁的同時，心裡突然浮現這首〈怒放的生命〉，腳下踩的是平整的PU跑道，隨著心中響起的歌聲卻彷彿看見一片荒蕪粗礪的大漠在眼前展開；汪峰演唱的這首戈壁挑戰賽主題曲，所有戈友莫不終生難忘，那奔放的旋律總能勾起人內心一股激情和壯志，我汗如雨下，聽見自己緊湊規律的步頻與「怒放的生命」交織在一起……。因為戈壁的呼喚，我和一群夥伴開始練跑至今沒有間斷，驀然回首，原來戈壁是我們共同的起點！因為曾經挑戰過戈壁、挑戰自己，我們不知不覺執迷於與痛苦共存的痛快體驗，更日復一日、越加不輟地跑著，不斷測試底限，藉著跑步怒放生命，讓自己更強大！

相對於如今對跑步之沉迷，從小「體育」課卻從來不是一門重要的課，從來就非必要。老師在上課時，大多教運動技巧，至於為什麼需要運動？運動確實的好處以及與身體各部位的關聯性、乃至於什麼是運動精神，在多數人的學生時代都是缺乏認識。

「體適能」成管理學院秒殺課

隨著年日和生活習慣一點一點的累積侵蝕，若非刻意注重保健，許多正值中壯年的人們身型開始走樣，身體機能也逐漸出現衰退跡象，台大管理學院教授黃崇興以一貫的風趣口吻敘述，他在擔任EMBA執行長時看到管院的教授們都很「弱雞」，於是找上體育室的國手級教練簡坤鐘幫忙，開了堂「體適能與健康管理」課，由專業教練帶領嘗試各項不同運動，還有名醫講座，希望讓老師們對身體能有正確的認識和運動觀念；這項課程在管理學院是創舉，除了特別開給教授們上課，也開放了些名額給EMBA學生，後來則成為EMBA的一門選修課，更是每開放報名必秒殺的最熱門選修課。在這堂課中，無數熟齡成功人士，不論在業界多麼戰功彪炳，對於最重要的身體健康觀念卻十分薄弱，對健康檢查的紅字也常束手無策，這堂課彷彿開啟了一扇門，通往過去未曾關心的領域，原來我這麼不了解自己的身體？原來運動這麼好玩？

如今跑過一百場以上馬拉松，也是六大馬完賽者的郭瑞祥教授，以及同樣完成六大馬、準備挑戰超馬國手資格的李吉仁教授，當年都是從這堂體適能課程入門，發現運動的美好迷人之處。郭瑞祥曾在他的著作中憶當年：「我們這些老骨頭竟沒人想退出，跟著課程繼續練起網球、壁球等等，而我們這群中年人也彷彿回到『那些年』的青春時光……」[1]

運動成為生活方式，使人不同

運動非常奇妙，如同愛情，一旦陷入了會讓人從裡到外煥然一新，而一群人一起運動，更增添「抓住青春」的雀躍感，更大膽，可以一起做些瘋狂的事，參加戈壁挑戰賽就是讓一群人拾起勇氣、探索自我的旅程。更令人想不到的是，這段旅程並沒有因為賽事結束而終止，它是一個起點，開始一堂不斷電的運動課，運動成為一種生活方式，讓戈兒們持續深研其中的奧秘、發掘更多未知、挑戰自己的極限；有人重返戈壁，二度、三度體驗大漠多變的面貌，更多人挑戰難度更高的鐵人三項、超馬、極地越野賽……。四天戈壁之旅是一份禮物，這份禮物觸發了戈兒們的人生從此翻轉，成為不同的樣貌。

這樣的新事讓人格外珍惜，原來運動可以交到一群特別單純真誠的朋友；運動能讓人更有膽識、勇於嘗試更多可能；運動讓人更有自信、敢於以最真實的我面對世界；運動讓人更認識了自己。

戈壁體驗是一群人勇敢前進、突破自我的例子，這群人幸運的是擁有一群志同道合的夥伴，為了相同的夢想而一起努力，一起出發，一起到達，因此故事裡的每個人透過戈壁之行觸動了內心的勇氣、鬥志和信心，發現了全

四天戈壁之旅像一份禮物，觸發了戈兒們的人生從此翻轉，成為不同的樣貌。

新的自己，生命有所改變，即使賽事結束亦然；然而想在人生下半場有新發現，絕不只限於EMBA人和EMBA經驗；每個人都有自己的夢想，「有夢最美」是句老話，端視我們怎麼對待那些夢想？是繼續作夢？是不知不覺忘了它？是只把它當作「夢」？

人生不可掌控的事太多，卻可以掌握自己的心。「你的能量超乎你的想像」這句在戈壁處處可見的名言是真實的，既然有夢，就去追吧！如果你也實踐了勇氣，將可能掘出一片全新的人生風景，就待你的心跨越。

1　出自《勇敢做唯一的自己：台大教授郭瑞祥的人生管理學》，郭瑞祥、陳建豪／著，天下文化／出版。

附錄　從台大戈五到台大戈十五

二〇一〇年 台大戈五挑戰隊

台大EMBA首度參加「第五屆玄奘之路兩岸商學院戈壁挑戰賽」，自稱「歌舞團」，在沒有前人經驗的情況下自行摸索組隊，團員平均年齡四十八點三歲，為當屆最年長隊伍；雖是首次參賽但創意十足，以動畫製作宣傳影片、攜帶天燈在大漠夜空施放，全隊用力比賽也用力玩、用力交朋友，最後勇奪競賽組第三名佳績，並獲媒體主動頒發「最佳風範團體獎」，這個獎項也自戈五後成為歷屆的固定獎項。

「一步一腳印，台大最帶勁；一步又一步，征服玄奘路！」的口號為戈五挑戰隊所發想，傳頌至今。

二〇一一年 台大戈六挑戰隊

由於前一年在大漠挑戰的經驗，被時任台大EMBA執行長的黃崇興教授認為，戈壁挑戰賽是一項能展現體魄及意志的活動，因此將之列為學校活動；黃崇興熱情邀請學生參賽，以蒙古的「靈旗」為靈感設計挑戰隊正式隊旗，並以大漠花名「大帥」親自擔任戈六挑戰隊院領導，在戈壁徒步了四天三夜。

當年的賽事規則除A隊為競賽組，B隊雖為完賽組但仍設有個人獎項，因此各校B隊的個人競爭也十分激烈，當時領先的台大B隊隊員「歐斯麥爾」（陳基國）好幾度與距離接近的中歐商學院隊員拉鋸戰，但見到緊追不捨的中歐隊員董靜被鐵絲網卡住時，主動回頭為他拉開鐵絲網脫困，令董靜十分感動，因此於賽後特別撰文：「戈壁挑戰賽上可敬的台灣對手」，推崇「這就是戈壁精神」！

二〇一二年 台大戈七挑戰隊

自本屆起服裝明顯進化！全隊首度以鮮豔的橘色系列服裝上陣，自此成為台大挑戰隊代表色，也是戈壁灘上最醒目的隊伍；時任台大管理學院院長郭瑞祥首度擔任院領導率隊前往，自此展開與戈壁連續八年的情緣，也奠下獨創的「戈壁管理學」基礎。

台大戈七A隊十名隊員全數為男性，最終競賽成績獲得第三名佳績。當年也首度創立了台大戈友會，維繫歷屆戈友情誼，首任會長為戈五「刺客」黃智成；其後每年的每一任會長按歷屆挑戰隊順序推舉人選產生。

二〇一三年 台大戈八挑戰隊

賽前一度因為挑戰意志不堅、沒有共同目標而不被看好，其後在郭瑞祥和李吉仁兩位教授帶頭、親身不間斷地參與團練，凝聚了團隊共識和使命感，最終戈八拿下團隊競賽第十名、最佳風範獎、全員完賽沙克爾頓獎，及影片金像獎四項大獎。

二〇一四年 台大戈九挑戰隊

遇見傳說中的劇烈沙塵暴，霎時天地變色，白天亦宛如黑夜，但團隊處變不驚、立刻變換隊形，以兩男中間夾著一女、三人手勾手為一列的方式，在黑暗大漠中展現團隊默契和勇往直前的精神。郭瑞祥院長在他的《人生第二曲線》一書中寫道：「貴州大學教授林嵐濤，賽後寫下他的觀察：『台灣大學永遠排列成行的隊伍，從不打散。這走在一起不稀奇，一直走在一起就稀奇了。台大創造了這種稀奇！』」

二〇一五年 台大戈十挑戰隊

歷屆軍容最壯盛，高達五十餘人的隊伍，卻遇見歷年來最嚴酷的天氣考驗，最高溫曾達攝氏四十多度，體感溫度甚至可達五十度。不論鞋底被駱駝刺刺穿流血也不停腳、不論強忍感冒跑到雙眼發黑、不論口有多乾，只能與隊友分享一口水、不論身體已不聽使喚，由隊友推著進終點⋯⋯，全隊始終秉持「台大戈十，跑就對了！」的精神超越了自我。

二〇一六年 台大戈十一挑戰隊

為歷屆參與人數最少的隊伍，A隊於賽前團練從未全員到齊，B隊也不被看好，但競賽期間A隊明星隊員林義傑以自身豐富的越野超馬經驗協助夥伴高速完賽，B隊則在大漠展現創意，以恐龍造型驚艷全場，最終創下當時歷屆最佳競賽成績；所發想的「一起出發，一起到達」口號深獲其他各校共鳴，從此延續成為台大挑戰隊的口號。至戈十六時，「一起出發，一起到達」甚至被組委會官網列入賽事章程中的「賽事口號與價值主張」。

二〇一七年 台大戈十二挑戰隊

唯一有雙執行長的挑戰隊。總共獲得七項大獎，也是台大參賽歷來獲得獎項最多的隊伍，包括：風範團隊獎（連續八度）、競賽卓越獎、全體完賽沙克爾頓獎（連續五度）、特別公益獎、戈壁星光獎（直播票選）、金像影片媒體獎和金像影片創意及正能量入圍獎。另外，A隊隊員「達摩」的妻子與一雙兒女參加C隊，全家四口均參賽，也寫下紀錄。

二〇一八年 台大戈十三挑戰隊

三日競賽總成績為九小時三十三分二十八秒，創下歷屆最佳成績，並獲得當屆首創的綜合大獎（綜合重要獎項卓越獎、沙克爾頓獎、風範獎等累計評分）第五名，為台灣參賽院校最佳成績。

二〇一九年 台大戈十四挑戰隊

創作「台大心，戈壁情」歌曲，挑戰賽期間由大會不斷在營地播放，被其他院校隊員形容「一聽就想流淚」，也成為當屆眾人琅琅上口、最火紅之洗腦歌。戈十四也是自認「最幸運一屆」的戈壁挑戰隊，因為受到新冠疫情影響，戈十四之後至二〇二一年為止，台灣沒有任何院校再赴戈壁參賽。

二〇二〇年 台大戈十五挑戰隊

沒有戈壁體驗的挑戰隊，受到新冠疫情影響，大會將戈十五延後至十月舉辦，然而，由於疫情未歇，台灣院校仍無法親赴戈壁，賽前以參與線上「雲打卡」、「雲備戰」等方式與大陸各校互動；組委會在正式實體賽事舉辦的同一時間，也舉行線上「雲戈賽」，參加院校需依規定在四天內跑完一百二十公里，台大挑戰隊共有二十人完賽，獲得線上賽事團體第一名獎盃。

身體文化 167

一起出發，一起到達！

一個人可以跑很快，但一群人可以跑更遠……

作者 趙心屏
主編 湯宗勳
特約編輯 果明珠
美術設計 陳恩安
企劃 何靜婷
照片提供 陳永霖、海西老張、李根旺、張玉輝、台大戈友會

董事長 趙政岷
出版者 時報文化出版企業股份有限公司
108019台北市和平西路三段240號一至七樓
發行專線：02-2306-6842
讀者服務專線：0800-231-705；02-2304-7103
讀者服務傳真：02-2304-6858
郵撥：1934-4724時報文化出版公司
信箱：10899台北華江橋郵局第99信箱
時報悅讀網 http://www.readingtimes.com.tw
電子郵箱 new@readingtimes.com.tw
法律顧問 理律法律事務所 陳長文律師、李念祖律師
印刷 紘億印刷有限公司
一版一刷 二〇二一年九月二十四日
定價 新台幣430元

時報文化出版公司成立於一九七五年，並於一九九九年股票上櫃公開發行，於二〇〇八年脫離中時集團非屬旺中，以「尊重智慧與創意的文化事業」為信念。

一起出發，一起到達！一個人可以跑很快，但一群人可以跑更遠……／趙心屏著；一一版.--臺北市：時報文化出版企業股份有限公司，2021.9；392面；21×14.8公分.--（身體文化；167）ISBN 978-957-13-9347-6（平裝）｜1.馬拉松賽跑 2.回憶錄｜528.9468｜110013501

ISBN：978-957-13-9347-6
Printed in Taiwan

沿虛線剪下對折並寄回

《一起出發，一起到達！一個人可以跑很快，但一群人可以跑更遠……》

抽獎回函

請完整填寫本回函資料，並於2021年11月15日前（以郵戳為憑），寄回時報出版，即可參加抽獎，有機會獲得美國百年專業運動品牌BROOKS所提供的明星跑鞋**「ADRENALINE GTS 22腎上腺素系列跑鞋**（市價4,790元）」1個名額、**「魔鬼系列GHOST 12**（市價4,390元）」4個名額、**「BROOKS運動機能背心**（市價680元）」6個名額！

活動辦法：

1.請剪下本回函，填寫個人資料，並黏封好寄回時報出版（無需貼郵票），將抽出「ADRENALINE GTS 22腎上腺素系列跑鞋（市價4,790元）」1名、「魔鬼系列GHOST 12（市價4,390元）」4名、「BROOKS運動機能背心（市價680元）」6名。

2.將於2021年11月26日在時報出版悅讀網公佈中獎名單，並由專人通知中獎者，敬請留意抽獎日期。

3.若於2021年12月1日前出版社未能聯絡上中獎者，視同放棄，並以備選遞補。

ADRENALINE GTS 22跑鞋

運動機能背心

魔鬼系列GHOST 12跑鞋

讀者資料（請完整填寫並可供辨識，以便通知活動得獎以及相關訊息）

姓名：　　　　　　□先生　□小姐

年齡：

職業：

聯絡電話：(H)　　　　　　(M)

地址：□□□

E-mail：

如您寄回本回函，表示您同意以下規範，請務必詳讀：

1.本回函不得影印使用。

2.時報出版保有活動辦法變更之權利。

3.若有其他疑問，請洽（02）2306-6600 分機8416何小姐

抽獎注意事項：

・凡獲得美國百年專業運動品牌BROOKS所提供的明星跑鞋「ADRENALINE GTS 22腎上腺素系列跑鞋（市價4,790元）」1名、「魔鬼系列GHOST 12（市價4,390元）」4名、「BROOKS運動機能背心（市價680元）」6名的中獎者，皆可獲得兌換券乙張，並至指定門市兌換合適之尺寸。

・此贈品不得轉讓

・時報文化出版企業股份有限公司保有活動辦法變更之權利。

※請對折黏封後直接投入郵筒，請不要使用釘書機。

※無需黏貼郵票

廣告回信
台北郵局登記證
台北廣字第2218號

時報文化出版企業股份有限公司

108019 台北市萬華區和平西路三段240號4樓

第六編輯部 當代線 收